다음 세대를 생각하는
인문교양 시리즈

아우름 **32**

다르지만
다르지 않습니다

장애인과 어우러져
살아야 하는 이유

류승연 지음

샘터

우리는 함께 살아야 해요

처음 이 책의 집필을 제안받았을 때가 생각납니다. 입꼬리가 씨익 하고 올라가 내려올 줄을 몰랐거든요. 바로 이 말 때문이었어요.

"다음 세대 비장애인에게 장애인과 함께 사는 법을 알려주시지 않으시겠어요? 다음 세대의 생각이 바뀌면 세상도 바뀐다고 봅니다."

의심의 여지 없이 맞는 말입니다. 다음 세대의 생각이 바뀌면 세상이 바뀝니다. 굳이 '장애'가 아니라도 좋아요. 다음 세대의 '새로운 생각'이 지금과는 또 다른 '새로운 세상'을 만들어냅니다. 지금 이 책을 막 펼쳐든 여러분이, 여러분 생각의 방향성이 무척이나 중요한 이유입니다.

'장애'는 먼 나라에서 일어나는 남의 일인 줄로만 알고 있다가 장애 아이의 엄마로 살게 된 지도 어언 10년이 되었습니다. '장애'라니요. '장애'라는 두 글자는 제 인생 계획에 없던 단어였어요.

아무런 준비 없이 맞게 된 장애라는 단어, 그리고 장애인의 가족으로 살아가는 삶.

우와, 새롭게 맞이한 이 삶은 완전 신세계였어요. "그동안 내가 살아온 대한민국이 맞나?" 싶을 정도로 우리나라의 새로운 민낯을 보게 됐고 알게 됐지요. 그 민낯은 부끄럽고 슬픈 우리 모두의 자화상이었답니다.

그간의 세월을 돌이켜보면 단지 자식에게 장애가 있다는 이유만으로 차갑게 변심해버린 세상의 모습이 가장 먼저 보입니다. 그리고 그 가운데서 좌충우돌 갈피를 못 잡고 방황하던 제 모습도 볼 수 있습니다.

하지만 10년입니다. 10년이면 강산도 변한다고 하지요? 이제 저는 방향을 잡았어요. 장애가 있는 자식과 더불어 이 세상에서 어떻게 살아가야 할지 방향성을 정하고 그 길로 가고 있는 중입니다.

제가 가고자 하는 길은 누군가의 장애가 인생의 장애가 되어버리지 않는 그런 길입니다. 행복하고 건강한 삶에 '장애인 접근 금지' 같은 건 없는 그런 세상 말입니다.

그런데 이 길은 저 혼자 걸어간다고 해서 생기지 않습니다. 세상의, 여러분의 도움과 협조가 필요합니다. 사람은 혼자 살 수가 없기 때문입니다. 우리는 함께 살아야 하기 때문입니다.

이런 생각이 들 수도 있어요. 장애인과 어우러져 사는 건 비장애인인 우리가 그들을 위해 일방적인 희생과 양보를 해야 하는 것처럼 느껴질 수도 있을 겁니다. 10년 전의 저도 그렇게 생각하고 있었거든요.

그런데 아니더라고요. 장애인과 비장애인이 어우러져 공존하는 건 장애인을 위해서가 아니더라고요. 바로 장애가 없는, 비장애인인 우리들을 위한 일이었더라고요.

이제 저는 이 책을 통해 장애인과 비장애인이 왜 함께 살아야 하는지, 그렇다면 어떻게 해야 하는지 등에 관해 이야기하게 될 겁니다. 처음에는 장애를 철학적 관점이나 사회학적 관점에서 접근해 멋진 논리로 모두를 설득할 계획을 세웠답니다.

하지만 그렇게 접근하니 한 글자도 진도가 나가지 않는 거예요. 이유가 뭘까 생각했더니 그런 멋있는 접근은 '남의 이야기'였기 때문이었어요. 네, 맞습니다. 저는 제 이야기를 해야 했어요.

10년 동안 대한민국이라는, 유독 장애인을 바라보는 시선이 차가운 이 나라에서, 장애가 있는 자식을 키우며 보고 느끼고 깨닫게 된 제 자신의 이야기를 해야만 했습니다. 그래야 저의 진정성을 여러분에게 보일 수 있을 테니까요.

제 자신의 이야기를 쓰기 시작했더니 그제야 진도가 쭉쭉 나갑니다. 역시 한 사람의 글에는 한 사람의 삶이 그대로 들어가야 하는 것이었어요.

제 삶의 특별한 경험들을 모두 다뤄야 했기에 2016년 11월부터 2018년 7월까지 〈더퍼스트미디어〉에 연재했던 '동네 바보 형'에서 일부 에피소드를 가져오기도 했음을 밝힙니다.

우리 모두는 품격 있는 사회에서 살고 싶어 합니다. 우리 자신도 품격 있는 사람이 되기를 바라지요. 품격 있는 사회에서 품격 있는 사람으로 살려면 뭐가 필요할까요? 돈? 스펙? 외모? 그런 것들이 이 사회와 내 자신의 품격을 지켜줄까요?

아니요. 품격은 존재의 내면에서 우러나오는 빛 같은 것입니다. 저는 품격 있는 사람이 되고 싶어요. 이미 중년의 나이지만 품격 있는 사람이 되기 위한 노력을 앞으로도 계속해나갈 거예요.

여러분은 어떠세요? 여러분 또한 품격 있는 사람이 되고 싶나요? 그러면 이 책을 찬찬히 읽어보시길 바랍니다.

장애인을 장애인이 아닌 단지 장애가 있을 뿐일 사람으로 바라볼 수 있는 시선을 갖게 될 때, 바로 그때 여러분은 자신의 품격이 이만큼 성장해 있음을 알게 될 거예요. 그리고 그 품격은 여러분 자신을 빛나게 하고 그로 인해 여러분 자신의 삶이 훨씬 더 풍성해지는 경험도 하게 될 것입니다.

　　이 책이 여러분의 품격을 높이는 데 작은 기여를 하게 되길 바라며 이만 여는 글을 마칩니다.

| 차 례 |

장애는 벼락같이 찾아옵니다

여기, 스무 살의 한 여대생이 있습니다. '젊음의 특권'을 마음껏 누리고 있네요. 온 우주와 세상이 자신을 중심으로 돌아요. 빙글빙글빙글. 가슴은 미래에 대한 희망으로 가득 차 있습니다.

그녀의 대학 생활은 즐겁기만 합니다. 전공 수업을 땡땡이 치고 친구들과 카페에서 수다 떠는 재미를 느껴봅니다. 고등학생 시절엔 꿈도 못 꿀 일이었지요. 진정한 어른이 된 것 같고 비로소 자유인이 된 것 같은 느낌도 듭니다. 연극 동아리에 가입해 공연 무대에도 서봅니다. 연극 작업을 통해 열정과 몰입, 관계와 사람에 대해 배웁니다.

앗, 연애도 시작했나 봅니다. '사랑을 하면 어떤 느낌일까?' 10대

시절에 막연히 상상만 했던 사랑이라는 감정에 한껏 매몰돼봅니다. 일상에서는 크고 작은 일들이 벌어지지만 그녀의 대학 생활은 더할 나위 없이 만족스럽습니다.

친구들과 번화가에서 맥주 한잔 마시고 집까지 걸어가는 날도 있어요. 높은 건물이 빼곡하게 들어서 있는 빌딩가를 지나갑니다. 그녀는 소리칩니다.

"대학을 졸업하면 이렇게 높은 빌딩숲에 자리 잡은 회사에 들어가 멋진 전문직 여성으로서의 삶을 살 거야."

그녀의 가슴은 미래에 대한 꿈으로 가득 차 있습니다.

여기, 스무 살의 한 남학생도 있습니다. 대학 입시에 실패하고 재수를 하고 있군요. 그러게 엄마 말 듣고 열심히 공부하지 그랬냐는 구박을 듣긴 하지만 괜찮습니다. 원래 잔소리는 모든 엄마들의 전매특허니까요. 재수하는 시간이 힘들지만은 않습니다. 그보단 재수생 신분으로 대학생이 된 친구들한테 얻어 마시는 공짜 술이 최고로 맛있다는 유레카적인 발견도 하게 됩니다.

다음 해 대학에 입학했는데 전공이 썩 마음에 들지 않습니다. 성적에 맞춰 취업이 잘될 것 같은 학과에 진학했지만 학교를 다닐수록 자신이 진정으로 하고 싶은 일에 대한 갈망이 커집니다. 그는 영화를 공부하고, 영화를 만들고 싶습니다. 더 이상 자신을 속이지 않기로 결심한 그는 학교를 다니면서 부모님 몰래 예술대학교에 입시 원

서를 넣습니다. 덜컥 합격해버립니다. 집에서는 한바탕 난리가 났지만 자식 이기는 부모는 없는 법이죠. 예술대학교 영화과에 입학하면서 그토록 소망하던 영화 작업에 한 발을 들이게 됩니다.

그렇게 같은 해에 태어나 서로 다른 삶을 살아온 두 남녀는 그들이 스물아홉 살 되던 해, 서울 정동에 위치한 신문사에서 선후배로 만나게 됩니다. 그녀는 잡지사 기자를 거쳐 신문사로 이직을 했고, 그는 영화 현장에서 일하다 영화 기자로 언론사에 발을 들였습니다.

첫눈에 반하는 불꽃같은 사랑! 눈이 마주친 순간 온몸을 관통하는 짜릿한 전율! 뜨겁다 못해 타버릴 듯한 열정! 이런 사랑이었어도 좋았겠지요? 하지만 두 사람의 시작은 덤덤했습니다. 동갑내기 선후배로 옆자리에 앉아 장난치며 놀다 보니 정이 들었다고나 할까요?

한창 연애할 나이의 두 사람은 자신의 친구를 서로에게 소개팅해주기로 합니다. 그러던 어느 날, 그녀의 마음이 먼저 움직입니다. 그녀가 소개팅해준 친구와 그가 첫 만남에 호감을 느낀 것을 보면서 깨닫게 되었거든요. '아, 나는 그를 남자로서 좋아하고 있구나.'

종로의 한 호프집입니다. 퇴근 후 그녀가 홀로 맥주를 마시며 그에게 전화합니다.

"선배, 나 지금 할 말 있으니까 당장 이리로 와봐."

집에 도착해 쉬고 있던 그는 무슨 일인가 놀라서 달려옵니다. 그리고 살짝 취기가 오른 후배의 갑작스러운 고백을 받습니다.

"선배가 내 친구랑 잘될 것처럼 그러니까 내 마음이 좀 그렇거든? 아무래도 내가 선배를 좋아하는 거 같거든? 그러니까 나랑 사귈 거야 말 거야. 빨리 말해!"

그녀의 박력에 그가 넘어옵니다. 그렇게 두 사람은 사내 연애를 시작합니다. 아, 그러고 보니 위 대사에서 떠오르는 사람이 있습니다. 현 대통령의 영부인도 그랬다지요? "나랑 결혼할 거야 말 거야. 빨리 말해!"라고. 빨리 말하라고 다그친 '행동'은 같았는데 '상대'는 달랐군요. 흠흠. 더는 아무 말 않고 지나가겠습니다.

자, 각설하고 다시 이어갑니다. 그와 그녀의 이야기. 두 사람이 사귀기로 한 뒤 그녀는 자신의 친구에게 양해를 구합니다. 소개팅을 해준 다음에 이런 얘기를 꺼내서 미안하다며 두 사람의 만남 이후 자신이 어떤 마음이었는지 솔직하게 털어놓습니다. 친구는 흔쾌히 그녀의 편이 되어 응원을 보냅니다.

그렇게 2년 동안 알콩달콩 연애를 한 두 사람은 자연스럽게 결혼을 약속합니다. 당시는 지금처럼 페이스북이나 인스타그램이 아닌 싸이월드가 SNS의 중심이던 시절입니다. 그녀는 싸이월드에 자랑하기 딱 좋은, 근사한 프러포즈도 받습니다. 촛불과 장미꽃과 현수막과 와인. 어떤 분위기일지 감이 오지요? 멋진 프러포즈가 있어야만 결혼하겠다는 그녀의 협박이 있었다는 건 우리끼리만 아는 비밀로 해요. 결혼식장에 서기까지의 과정이 순탄치는 않았지만 그래도 두 사람은 '사랑의 힘'으로 모든 걸 극복해냅니다.

"딴 딴딴딴" 결혼 축하곡이 울려 퍼지고 두 사람은 생글생글 웃으며 결혼식을 치릅니다.

이젠 신혼 생활의 재미가 쏠쏠합니다. 여행도, 외식도, 문화생활도 마음껏 하며 둘만의 자유를 누립니다. 결혼에서 오는 안정감은 덤 같은 것이랄까요. 마음의 안정감이 다릅니다. 이 때문에 결혼하는가 보다 싶을 정도로요.

둘에서 하나가 된 두 사람은 인생 계획도 세우기 시작합니다. 아이는 둘을 낳기로 합니다. 두 사람 월급 중 한 사람 몫은 고스란히 저축하기로 합니다. 그러다 어느 시기가 되면 아이들 교육을 위해 학구열이 높은 동네로 이사 가기로 합니다.

아이들이 대학에 입학하고 나면 시외로 빠져나가 마당이 있는 주택에서 큰 개를 키우며 살기로 해요. 그녀의 요구에 따라 고양이도 키우기로 합니다. 덩치 큰 개와 도도한 고양이가 함께 사는 그 집에는 그만의 영화 감상실도 있을 것이고 그녀가 글을 쓰는 작업실도 있을 것입니다. 그렇게 두 사람이 꿈꾸는 미래는 따뜻하고 포근한 핑크빛입니다.

거칠 것 없던 그들의 인생이 첫 번째 암초에 부딪힙니다. 임신이 원하는 시기에 되지 않습니다. 불임 전문 병원에 가서 인공수정을 하고 쌍둥이를 임신합니다. 임신 5개월에 의사가 몰래 성별을 알려

췄는데 남녀 쌍둥이라 합니다. 두 사람은 신이 났습니다.

당시 정치부 기자로 국회 출입을 하고 있던 그녀는 임신 8개월까지 일을 하고 싶습니다. 원래 일 욕심도 있었지만, 쌍둥이가 태어나면 적어도 1년간은 육아휴직을 해야 하므로 일할 수 있을 때 한 푼이라도 더 벌어두고 싶습니다.

하지만 임신 7개월에 갓 접어들자마자 양수가 터져버립니다. 구급차를 타고 대학병원으로 실려 갑니다. 분만실에 들어간 그녀가 힘을 주자 딸이 태어납니다. "응애응애응애." 정말 교과서적으로 우는 아기 울음소리를 듣는 순간 웃음이 납니다.

그러나 끝이 아닙니다. 아들이 남아 있습니다. 그녀는 생각합니다. '잠깐만, 1분만 쉬었다가 다시 힘을 주자.' 그것이 실수였습니다. 한번 몸에서 힘을 빼고 나자 다시 힘을 준다는 게 생각만큼 쉽지 않습니다. 딸을 출산한 지 56분이 지나고 나서야 둘째인 아들이 태어납니다.

하지만 태어난 아이는 울지 않습니다. 엄마 배 속에서 나오지 못한 시간이 길어지면서 호흡이 멎어버린 것입니다. 얼마 후 아이가 "에" 하며 작은 숨을 토해냅니다. 그때의 호흡으로 아이가 살아납니다. 하지만 출산 과정에서 입은 뇌출혈의 후유증으로 아이는 평생을 지적장애인으로 살게 되었습니다. 그리고 그날부터 그들은 장애 아이의 부모가 되었습니다.

그렇게 '장애'라는 두 글자는 벼락같이 찾아옵니다. 한 사람의 삶에, 한 가정의 삶에 '장애'는 예고도 없이 기습적으로 찾아옵니다.

네, 지금쯤 모두 눈치를 챘겠지만 이야기 속 그녀는 바로 저입니다. 그는 제 남편이지요. 꿈 많던 여대생과 꿈을 찾아가던 남학생은 인생의 한 시기에 만나 서로 사랑하고 결혼해서 '둘이 함께 꾸는 꿈'을 꾸었습니다.

하지만 '둘이 함께 꾸는 꿈'은 아들이 지적장애인으로 살게 된 것을 알게 된 순간 산산이 부서져버렸습니다. 찬란하고 따뜻하고 소시민적이었던 두 사람의 꿈은 온데간데없이 사라지고 그들은 한 번도 가본 적 없는 길을 걸어야만 했거든요. 그들 인생에 벼락같이 끼어든 두 글자 '장애'라는 단어 때문에 말입니다.

그와 그녀는 다시 꿈을 꿀 수 있을까요? 꿈 많던 그녀와 꿈을 찾아가던 그는 장애 아이의 부모로 살면서도 꿈을 꿀 수 있을까요? 꿈을 꿔도 될까요? 그와 그녀는, 아니 저와 제 남편은 앞으로 어떤 삶을 살아야 할까요?

다르지만 다르지 않습니다

1장.

'장애인'이라는
편견

왜 주변에 장애인이
보이지 않을까?

외국인이 물어봅니다.

"왜 거리에서 장애인을 볼 수가 없죠? 한국에는 장애인 수가 적은가요?"

외국에 일정 기간 체류하다 온 지인이 말합니다.

"전에는 몰랐는데 외국에서 살다 들어와 보니 우리나라엔 진짜 장애인이 거리에 돌아다니지 않는다는 걸 알게 됐어요."

여러분은 어떠세요? '왜 거리에서 장애인을 자주 볼 수 없을까?' 라고 생각해본 적이 있나요? 특히 발달장애인이요.

요즘엔 과거에 비해 거리에서 장애가 있는 사람을 만날 기회가

다르지만 다르지 않습니다

많아진 건 사실입니다. 혼자서도 자유롭게 운전할 수 있는 전동 휠체어가 보편화되면서 이제 거리에서 지체장애인은 쉽게 마주칠 수 있게 되었거든요. 그에 반해 발달장애인은 아직도 사회 속 노출 빈도가 현저히 낮습니다.

혹시 우리나라엔 장애인 인구가 적을까 싶어 알아보니 그렇지도 않습니다.

보건복지부의 2017년 집계에 따르면 우리나라의 장애인 수는 254만 명이 넘습니다. 발달장애인은 그중 10% 정도를 차지하고 있는데요. 이 수치는 '등록된' 장애 인구만을 나타내고 있기에 실제는 훨씬 많을 것으로 예상됩니다. 장애 등록을 할 여건이 안 돼서 못 하는 경우도 있고, 장애라는 낙인이 두려워서 일부러 피하는 경우도 있고, 장애와 비장애의 경계선상에 있어서 장애 등록을 하지 않는 경우도 있습니다.

그리고 '느린 학습자'라 불리는 이들이 있습니다. 장애 등급을 받을 만큼 인지 기능에 뚜렷한 손상이 있는 건 아니지만, 일반 학생들과 같은 속도로 학업을 따라가기에는 힘이 듭니다. 일부 경계선 장애인 또한 느린 학습자에 속하기도 합니다. 그런 느린 학습자가 대한민국에 80만 명이 있는 것으로 추산하고 있습니다.

어쨌든 느린 학습자를 제외하고라도 20만 명이 넘는 발달장애인이 대한민국 곳곳에 흩어져 살고 있지만 우리는 그들을 자주 볼 수가 없습니다. 어쩌다 오가며 발달장애인을 스쳐 지나면 그건 특별한 경험이 되곤 합니다.

이야기를 이어나가기에 앞서 발달장애가 뭔지, 발달장애인은 어떤 사람을 말하는지에 대한 설명부터 해야겠네요.

먼저 발달장애에 대해 알아봅시다. 발달장애는 신체 및 정신이 해당 나이에 맞게 발달하지 않은 상태를 말합니다. 발달이 늦다는 얘기입니다. 발육과는 다른 개념입니다. 발육은 키가 크고 살이 찌는 등 주로 신체가 성장해가는 걸 말하고요, 발달은 훨씬 더 포괄적인 개념입니다. 신체 발달뿐 아니라 정신적·사회적·인지적·정서적인 모든 면에서의 성장을 이야기합니다.

예를 들어 올해 열 살이 된 지적장애 2급의 제 아들은 발육에선 아무런 문제가 없습니다. 또래보다 키도 크고 적정 몸무게를 유지하며 쑥쑥 커나가고 있어요. 하지만 인지는 두세 살 아이 정도의 수준을 보입니다. 그러다 보니 정서 면에서나 사회성, 신체 기능 면에서 그 나이 또래의 친구들보다 어린 행동 양상을 보입니다. 발육은 잘되고 있으나, 발달은 늦은 것이지요.

제 아들의 경우처럼 발달장애는 수없이 많은 요인(원인을 모르는 경우가 더 많습니다)에 의해 전반적으로 발달이 지체되거나 특정 영역에서 발달이 지연된 상태를 말합니다. 지적장애나 자폐성 장애, 뇌병변이나 다운증후군 등 저마다 장애 진단명은 달라도 발달 과정에서 지연을 보이는 모두를 아울러 발달장애인이라 부릅니다.

요즘엔 국내 상업영화에서도 발달장애인을 만날 수 있어요. 2005년 개봉한 영화 〈말아톤〉을 필두로 〈7번방의 선물〉, 〈채비〉, 〈그것만이 내 세상〉 등도 모두 발달장애인을 주인공으로 하고 있습니다. 〈7번방의 선물〉에선 지적장애가, 〈그것만이 내 세상〉에선 자폐의 특성이 잘 보입니다. 미디어 속에서 그려내는 발달장애인 이미지에 대해선 할 말이 많지만 그건 뒤에서 다시 언급하도록 할게요.

평생 동안 계속되는 '시선 견디기 게임'

이제 '왜 거리에 장애인이 보이지 않을까?'라는 처음 질문에 대한 이야기를 이어가야겠지요?

그런데 저는 여기서 게임을 하나 제안하고자 합니다. 난데없이 웬 게임이냐고요? 이야기 흐름상 꼭 필요한 게임이랍니다. 그러니 동참해보세요.

이 게임에선 여러분 모두가 플레이어입니다. 하지만 게임을 실행할 모니터는 없어요. 여러분의 상상력이 바로 모니터가 됩니다. 게임의 규칙은 단순합니다. 지금 이 순간부터 여러분은 세상의 시선에 노출될 거예요.

여러분을 쳐다보는 낯선 시선, 두려워하는 시선, 때론 혐오의 눈길조차 보내는 시선, 어쩔 땐 하염없는 동정을 품은 시선에 노출될 겁니다. 이름을 하여 '시선 견디기 게임'. 재미있겠죠? 자, 시작합니다. 바로 지금! START!

질문 들어갑니다. 여러분이 있는 곳은 어디인가요? 혹시 지하철에서 이 책을 읽고 있나요? 그렇다면 지금 여러분은 얌전히 앉아 책을 읽던 1분 전과는 아주 다른 경험을 하고 있을 거예요. 1분 전까진 그 누구도 여러분에게 시선을 주지 않았을 거예요. 하지만 지금 여러분은 시선을 받고 있습니다. 낯설거나, 두려워하거나, 동정하거나, 때론 혐오감조차 품은 시선을요.

누가 그 시선을 보내느냐고요? 지금 여러분 바로 앞에 서 있는 그 아가씨 말이에요. 맞은편 의자에 앉아 핸드폰을 들여다보고 있던 저 아저씨도요. 지하철 문에 기대 서로 팔짱을 끼고 있던 젊은 연인도 여러분을 힐끔 쳐다보네요. 그 옆에 아이들을 데리고 지하철을 탄 중년의 부부도, 노약자석에 앉아 있는 할아버지도 여러분을 쳐다봅니다.

혹시 남들의 시선을 끌 만한 행동을 했나요? 아니요. 그렇지 않습니다. 여러분은 여러분 자신에게 지극히 당연한 일상적인 행동을 하고 있을 뿐입니다. 평소와 다를 바 없고, 어제와 똑같고, 아까와도 같은 행동을요. 그런데 여러분에게 시선이 꽂혀요. 참 이상하지요?

타인의 시선을 받는 게 싫은가요? 그 시선에 때로는 부정적인 감정의 결도 느껴지나요? 그로 인해 얼굴이 화끈거리고 민망하고 창피하고 불쾌하기도 하나요? 심지어 화가 나기도 하나요? 그럼 시선에서 벗어나 봅시다. 자, 타고 있던 지하철에서 얼른 내려요. 나가서 택시를 잡아타고 사람들 시선을 피해 빨리 집에 가버립시다.

지하철이 정차를 합니다. 여러분이 내립니다. 출구 표지판을 확인하고 걸어가요. 계단을 오르죠. 하지만 계단을 오르는 동안에도 이 시선은 여러분을 떠나지 않아요. 함께 올라가던 이들이, 위에서 내려오던 이들이 한 번씩 여러분을 힐끔거리며 지나가요. 꽂히는 시선은 바늘이 되어 여러분의 심장을 찌릅니다.

밖으로 나왔어요. 택시를 탔어요. 그런데 이번엔 기사 아저씨가 백미러로 힐끔힐끔 쳐다보는 게 느껴져요. 하아, 이 상황에서 벗어나고 싶을 거예요. 조금만 더 참아요. 집에 다 와가요. 계산을 하고 후다닥 택시에서 내립니다.

아파트 출입구를 통과해 엘리베이터 앞에 섰어요. 그런데 누군가 있네요. 엘리베이터를 먼저 기다리고 있던 위층 아줌마와 처음 보는 남학생이 여러분을 쳐다봅니다. 그들이 티가 안 나도록 노력하면서 여러분한테서 슬그머니 거리를 두려고 하는 게 보여요. 모르는 척하세요. 참아요. 견뎌내요. 그것이 이 게임의 규칙이에요.

이 모든 시선을 이겨내고 무사히 집에 도착했습니다. 잘했어요. 수고하셨습니다. 토닥토닥. 이제야 숨이 좀 쉬어질 것 같지요? 긴장 풀어요. 이젠 편히 쉬어도 됩니다.

하지만 무서운 이야기 하나 해드릴게요. 방금 겪은 이 경험은 이 걸로 끝이 아니에요. 게임은 이미 시작됐고 이 게임은 평생 동안 끝나지 않아요. 여러분은 내일 아침이면 눈을 떠 어제와 같은 일상을 살아야 하겠지요? 그럼 또 겪어야 합니다. 견뎌내야 합니다. 매일을 살아내기 위해선 방금 전과 같은 시선을 내일도 모레도 글피도, 평생 동안 겪어야 해요. 무덤에 들어가는 그 순간까지 이 시선은 여러분을 떠나지 않아요.

내일 아침 엘리베이터에서부터 다시 시작될 이 시선의 족쇄는, 지하철에서, 버스에서, 음식점에서, 카페에서, 마트에서, 학교에서, 회사에서, 도서관에서, 학원에서, 극장에서, 백화점에서, 시장에서, 놀이터에서, 산책로에서, 목욕탕에서, 미용실에서, 병원에서 여러분을 떠나지 않고 칭칭 동여맬 거예요. 언제까지요? 자, 다 같이 따라 해봅시다! "평생 동안이요."

이런 상황이 계속 이어진다면 여러분은 어떨 것 같아요? 위축되지 않은 채로 현실의 삶을 건강하게 잘 살아낼 수 있을까요? 세상 속에서 마음껏 부딪치고 경험하며 한 사람으로서 존엄한 생을 온전히 살아낼 수 있을까요?

상상만으로도 답답했지요? 한숨도 났지요? 그런데 이 게임은요, 제 아들이 발달장애인이 된 후 제가 느낀 세상의 변화를 재현한 것이랍니다.

어제의 나와 오늘의 나는 다른 게 없어요. 꿈 많던 대학생 시절의 나와 오늘의 나는 똑같은 나 자신이죠. 쌍둥이를 임신하고 기뻐서 춤을 췄던 그 시절의 나와 오늘의 나는 동일 인물이에요. 그런데 단지 제 아들이 발달장애인이라는 것만으로 제가 느끼는 세상의 온도는 180도 달라집니다. 지금 제가 느끼는 세상의 온도는 너무나 차가워요. 이전에는 따뜻한 노란색이었다면 지금은 차가운 보라색과 회색의 느낌이 듭니다.

부정적이거나 동정하는 시선들. 어디를 가든 무엇을 하든 꽂히는 시선, 시선, 시선들. 제가 그 시선들을 온전히 감당할 수 있었을까요? 자존감은 사라지고 세상으로부터 숨어버리고 싶어 하지는 않았을까요? 제 아들을 세상으로부터 숨기려 하지는 않았을까요?

한동안은 그런 시간도 이어졌어요. 지하철과 버스를 이용하는 대신 택시를 타고 다녔고, 사람 많은 곳엔 갈 엄두를 못 냈고, 동네만 살짝살짝 오가는 삶을 오랜 시간 살았어요.

그리고 이 시간 현재에도 많은 발달장애인이 부모에 의해 세상으로부터 숨겨지거나 세상에 나아갈 용기를 내지 못하는 경우를 보곤 합니다. 발달장애인이 집에 있는 걸 좋아해서 볼 수 없는 게 아니에요. 발달장애인 수가 적어서 자주 볼 수 없는 것도 아니랍니다.

물론 거리에서 발달장애인을 자주 볼 수 없는 게 온전히 시선 때문이라고 단정 지을 수는 없어요. 다른 요인들도 분명 있을 거예요.

그리고 세상 사람 모두가 바늘 같은 시선을 보내는 것은 아니에요. 알면서도 모르는 척, 보면서도 안 보이는 척, 적당히 관심을 거둬주는 것으로 관심을 표현해주는 인권 감수성 높은 분들도 많이 있답니다. 그런 분들의 보이지 않는 배려는 참으로 고맙습니다. 꾸벅.

하지만요, 우리 사회에서 발달장애인이 가고 싶은 곳에 마음껏 가고, 하고 싶은 일을 마음껏 하는 건 아직까지도 장애 당사자와 가족들이 큰 용기를 내야 하는 일이기도 합니다. 바로 이 시선 때문에 말이지요. '장애'를, '장애인'을 바라보는 우리 사회의 시선 말입니다.

세상으로부터
숨어버리는 사람들

대한민국 장애인 복지의 현실은 여러분이 생각하는 것보다 열악합니다. 저도 제 아들이 발달장애인이 된 후 직접 겪으면서 실상을 알게 되기 전까진 이 정도인 줄 모르고 있었어요. 사실 장애인 복지에는 아예 관심이 없었다는 말이 정확하겠네요.

그런데 장애인의 삶 속에 발을 들이고 나니 아들은 집 앞 가까운 학교조차 마음대로 다닐 수 없고, 필요한 치료마저 몇 년씩 기다렸다 받을 수밖에 없는 현실을 살아야 한다는 걸 알게 되었습니다.

물론 우리나라의 복지 정책은 과거에 비하면 괄목할 만한 발전을 이뤘습니다. 하지만 아직도 가야 할 길이 멉니다. 하나에서 열까지 총제적인 변화와 재건축이 필요할 정도랍니다. 문제의식은 과거부터 꾸준히 있었으나 아직도 복지 정책에서 걸음마 단계를 지나고 있는 건 예산 때문입니다. 필요한 예산이 확충되지 않고 있습니다.

장애인 복지에 쓰이는 예산은 전체의 0.2%에도 미치지 못하고 있답니다. 발달장애 관련 예산이 아닙니다. 전체 장애인 복지에 쓰이는 예산을 말합니다.

0.2%라는 수치는 OECD 가입 국가들 중 최하위에 해당합니다. OECD 가입 국가들의 장애인 복지 평균 예산은 전체 예산액의 2% 정도랍니다. 우리나라는 10분의 1 수준인 셈이지요. 아, 그래도 OECD 가입 국가들 중 꼴등은 아니에요. 우리나라 밑에 한 나라가 더 있는데 바로 멕시코랍니다. "우와, 꼴등에서 두 번째다!" 저는 기뻐해야 할까요?

이런 상황이다 보니 부모들이 나서기 시작했습니다. 장애인 자식이 이 사회의 일원으로 온전히 제 삶을 살아내기 위해선 국가 차원의 제도와 시스템이 갖춰져 있어야 하는데, 그러질 못하니 복지 시스템을 구축해달라며 거리로 나서기 시작한 겁니다.

삭발을 하는 부모들, 삼보일배를 하는 부모들의 모습을 뉴스에서 스치듯 본 기억이 있을 겁니다. 정부에서 치매 국가책임제를 시행하고 있듯 발달장애 영역도 국가책임제를 선언해달라는 요구를 하고 있습니다. 발달장애 국가책임제라는 건 나라에서 먹이고 입히

다르지만 다르지 않습니다

고 재우는 등 발달장애인의 모든 일상을 나라에서 전부 책임지라는 뜻이 아닙니다. 정부에서 치매 국가책임제를 선언하고 그에 따라 치매 관련 정책이 유기적으로 일관성 있게 재정립되었듯, 발달장애 관련 제도도 그렇게 제대로 손보자는 요구입니다.

다행히 정부에서 이들의 목소리를 귀담아듣기 시작했고 모종의 변화가 감지됩니다. 발달장애인 평생 케어 종합대책을 위한 정책 마련에 나섰다는 기쁜 소식이 들립니다. 하지만 아직은 시작일 뿐입니다. 어떻게 제도가 만들어지고 시스템이 갖춰지는지 한번 지켜보고자 합니다.

장애인 복지가 열악하다는 것은 이런 의미입니다. 한 가정에 '장애'라는 단어가 예고 없이 찾아왔을 때 그로 인한 모든 책임을 가정에서 고스란히 떠안아야 한다는 뜻입니다. 한 사람의 삶에 관한 모든 일이 가족의 몫이 되어버린다는 뜻입니다. 육아와 교육, 취업과 결혼과 노후까지 장애인 당사자의 삶에 관한 모든 것이 온전히 가족들의 몫이 되어버린다는 뜻입니다.

그러다 보니 많은 발달장애 당사자와 그 가족이 세상으로부터 숨어버리는 길을 택하기도 합니다. 장애가 있는 가족의 일생을 가정에서 오롯이 책임지고 살아가는 것만도 벅찬데 세상의 불편한 시선까지 신경 쓰고 살아야 하는 게 버거웠기 때문입니다. 생존을 위한 방법으로 세상으로부터의 '회피'를 선택해버리기도 합니다.

성인이 된 자식을 장애인 시설에 보내기도 하고, 장애인과 그 가족들이 모여 사는 작은 공동체를 만들어 그 안에서 생활하는 길을 택하기도 합니다.

살기 위해서입니다. 자신을 보호하기 위해, 자식을 보호하기 위해, 가정을 보호하기 위해, 그리하여 장애가 있는 자식과 가족들이 매일을 살아나가기 위해, 스스로를 세상에서 격리합니다. 자신의 의지로 '장애도'를 향해 뚜벅뚜벅 걸어 들어갑니다.

실재하진 않지만 실존하는 섬, 장애도

'장애도'라는 섬이 있습니다. 실재하진 않지만 실존하는 섬입니다. 그곳에선 세상과는 차단되어 오로지 장애로만 점철된 삶을 살아갑니다. 눈에 보이진 않지만 분명히 실존하고 있는 그곳에서 저는 3년이 넘는 시간을 보냈습니다. 아마도 살면서 가장 힘들었던 시간이었던 것 같아요. 모든 희망은 사라지고 절망과 한숨과 눈물만이 그 시기의 저를 지배하고 있었거든요.

'장애도'에서 벗어난다는 건, '장애도'가 아닌 '세상' 속에서 살아간다는 건 참으로 어려운 일입니다. 그건 당사자와 가족들의 의지가 필요한 일이에요. 수많은 난관에도 불구하고 세상 속에서 살아보겠다는 의지, 그 어떤 세상의 시선에도 정면 대결하겠다는 용기, 그리하여 한 가정에 '장애'라는 손님이 찾아오더라도 가족 모두가 행복하게 살아내겠다는 결심, 그런 것들이 필요합니다.

　그런데 아무리 용기와 의지를 갖고 있어도 혼자만의 힘으로 쉽게 '장애도'에서 탈출할 수는 없습니다. 그렇게 탈출이 쉬웠다면 저도 3년 넘게 그곳에 갇혀 있진 않았을 거예요. 오늘은 세상에서 살아보리라 결심했다가도 내일 또 한바탕 세상의 시선에 노출되고 나면 다시 캄캄한 절망 속을 헤매야 했습니다.

　누구든, 무엇이든 좋아요. 세상과의 연결 고리가 되어줄 것이 있다면, 세상이 먼저 따뜻한 손을 내밀어준다면 '장애도'에서 벗어나는 게 훨씬 수월해질 것 같아요. 이러한 간절함은 때로 절박함이 되기도 합니다.

　저는 어떻게 '장애도'에서 탈출했냐고요? 운이 좋은 경우였어요. 워낙 깊은 어둠 속을 헤매고 다녔기에 어느 시점부턴 살고자 하는 의지가 발동됐거든요. 알다시피 사람이 바닥을 찍고 나면 그다음엔 올라가는 일밖엔 할 수가 없습니다. 그렇게 세상의 끝에서 마침표를 찍고 이젠 살아보고자 하는 시점에, 손을 내밀어준 좋은 인연을 만나게 되었답니다. 세상과의 연결 고리가 되어줄 매개체도 찾게 되었고요. 덕분에 지금 저는 '장애도'에서 벗어나 '세상'이라는 큰 육지를 향해 노를 저어가고 있는 중이랍니다. 때론 풍랑을 만나 다시 '장애도'까지 밀려가기도 하고, 때론 바람을 만나 세상의 한쪽 끝에 무사히 닿기도 하면서 그렇게 열심히 노를 저어가고 있는 중이랍니다.

하지만 모두가 저처럼 적절한 시기에 꼭 필요한 적절한 도움을 받을 수 있는 건 아니에요. 그렇지 못한 경우가 더 많다고 봐도 무방할 듯합니다. 그로 인해 아직도 '장애도' 안에서 힘들어하며 눈물 흘리고 있는 많은 이들을 보게 됩니다.

일부에 불과하다고는 해도 시선이라는 '폭력'을 감당할 수 없었던 이들은 스스로 마음의 문을 닫아버립니다. 세상으로 나아가는 대신 스스로 '장애도' 안에 들어가는 길을 택합니다. 그것이 세상으로부터 자신과 가족을 보호하는 길이라 믿고 있으니까요.

장애인과 그 가족들끼리만 모여 살면, 장애인과 그 가족들끼리만 교류하고 살면, 장애인과 그 가족들은 더 이상 슬프지도 않고 상처받지도 않을까요? 세상과 단절돼 '장애도' 안에서만 살면 그때는 비로소 행복해질 수 있을까요? 세상의 입장에서도 장애인은 장애인끼리 모여 사는 게 훨씬 나은 방법일까요?

그 옛날 나병 환자들이 모여 살던 소록도처럼, 실재하진 않지만 실존하고 있는 섬 '장애도'를 기어이 현실화시켜 장애인과 그 가족들끼리만 모여 사는 장애인 왕국을 만들어야 할까요?

물음을 던질 필요도 없는 일이었지요? 당연히 그렇지 않습니다. 장애인 왕국을 따로 건설하는 건 있을 수 없는 일이기도 하지만 설령 그것이 가능하다 해도 그렇게 되면 이미 그 사회는 건강한 사회가 아닐 겁니다. 병들어서 심폐소생술이 필요한 세상이겠지요. 장애인과 그 가족들 역시 평생을 '장애도' 안에서만 살 수는 없답니다. 언제까지나 세상을 외면할 수는 없어요. 우리 모두는 세상의 한가운데서 만나야 하거든요.

장애인과 비장애인이 공존해야 하는 이유

왜 그래야 하는지, 왜 장애인과 비장애인이 세상의 한가운데서 만나야 하는지 두 가지 관점에서 바라볼게요.

먼저 세상의 관점입니다. 사회적 약자인 장애인을 배척하고 외면하는 세상이라면, "장애인은 장애인끼리 모여 사는 게 서로에게 좋아"라고 생각하는 세상이라면, 그런 세상은 장애인이 없어진 상태에선 그다음으로 배척할 또 다른 대상층을 찾아낼 겁니다.

다음 대상은 장애인 다음으로 사회 내에서 약하고 힘없는 약자들일 거예요. 왜냐고요? 그런 세상이니까요. 사람의 존재조차도 '경중'을 따지는 사회일 테니까요.

그 사회에선 사람을 효율성으로 줄 세우고 각자가 산출해내는 경제적 숫자로 존재의 가치를 따질 거예요. 모든 사람은 동등하지 않아요. 그 사회에선 모두가 내 밑의 사회적 약자를 배척하고, 외면하고 또 배척하기 시작할 거예요. 그러다 보면 언젠가는 내가 배척을 당하는 순간도 오게 되겠지요.

그 순번에 걸리지 않기 위해서는 피라미드의 상층부에 서야 해요. 공부도 더 하고, 돈도 더 벌어야죠. 경쟁이 중요하기 때문에 위에 올라서기 위해 무슨 짓이든 저지릅니다. '좋은 사람'보다는 '능력 있는 사람'이 되어야 해요. 스펙을 키워야 해요. 스펙만이 살 길이죠. 스펙 지상주의 만만세! 왠지 낯설지 않은 사회의 모습에 씁쓸함이 살짝 올라오는 건 저뿐인가요?

다음으론 장애인과 그 가족의 관점에서 바라볼게요. 장애인에게 차가운 시선을 보내는 세상으로부터 차단돼 장애인끼리만 모여 살면 마음의 상처를 받지 않을까요? 장애가 있는 내 가족을 안전하게 지킬 수 있을까요? 글쎄요, 저는 이 부분에 있어서 회의적입니다.

냉정하게 말하면 장애인 시설인데 기존의 시설과는 또 다르고, 오히려 이상적으로 보이기까지 하는 장애인 공동체의 모습도 가끔은 보곤 합니다. 하지만 아무리 이상향의 모습을 띠고 있어도 저는 공동체에 들어가는 게 망설여질 것 같아요. 그곳 또한 사람들이 모여 사는 세상이기 때문입니다.

시간이 흐르면서 그곳 역시 세상사에서 벌어지는 온갖 문제들이 똑같이 반복되지는 않을까요? 변질될 가능성은요? 그것도 무시할 수 없죠. 이상적이었던 초심은 사라지고 얼마 지나지 않아 이익에 따라 변질돼가는 구성원의 모습을 보게 될지도 몰라요. 문제가 많은 장애인 시설도 초창기 설립 때는 이상향으로 보였다는 사실을 간과해선 안 됩니다.

다르지만 다르지 않습니다

게다가 장애인만의 공동체가 '영원히'를 담보할 수 없다는 게 가장 큰 문제입니다. 보통 장애인 공동체가 만들어질 경우 정부나 시 예산 등을 지원받아 꾸려가는 경우가 많은데요. 그 지원금이 어느 순간 끊길 수도 있다는 게 가장 큰 위험 요소입니다.

실제 그런 경우도 보곤 합니다. 부모들의 투자금으로 자식을 위한 장애인 공동체를 만들었지만 나라의 지원을 받아 운영해나갑니다. 그러다 어느 순간 지원금이 끊겨 더 이상 운영자금을 마련할 수 없게 되자 다시 세상으로 돌아오게 된, 이미 늙어버린 중년의 장애 당사자와 그보다 더 늙어버린 노부모의 사례를 보게 되는 것이지요.

장애인 공동체 안에서만 살던 그들에게 세상은 두렵고 낯섭니다. 세상과 단절돼 살아왔던 그들은 어디서부터 어떻게 무엇을 시작해야 할지 막막하기만 합니다. 공동체라고 해서 '영원한 안전'을 담보해주지는 않는다는 말이지요. 냉정하게 말해서 이 세상에 장애인을 위한 안전지대란 없다고 보는 게 맞겠습니다.

이렇게 두 가지 측면을 모두 살펴보고 나니 세상의 관점에서도, 장애인과 그 가족의 관점에서도 서로 분리되어 벽을 치고 살아가는 건 옳지 않아 보입니다. 결국 장애인과 비장애인은 함께 살아갈 수밖에 없다는 지극히 당연한 결론에 이릅니다. 우리 모두가 이미 알고 있는 당연한 명제 말이지요. 그렇다면 앞으로 해야 할 일은 자명합니다.

지금부턴 "어떻게 공존할 것인가?"에 대한 진지한 고민을 시작해야 합니다. '장애'는 나와는 상관없는 일이라며 모르는 척하거나 외면하고, '세상'으로부터 상처받았다며 마음의 문을 닫고 회피해서 될 일이 아닙니다.

　　한동안 저는 장애인과 비장애인의 공존이라고 하면 장애인인 제 아들이 비장애인 사회에 적응하는 것만을 생각했어요. 그러다 보니 아들이 속해 있는 모든 사회 구성원에게 언제나 제가 먼저 고개를 숙이고 사과하고 다녔답니다.

　　지금 와서 생각하니 옳은 행동이 아니었어요. 제 아들은 그냥 장애가 있는 사람일 뿐이었는데 저는 아들을 존중받아 마땅한 한 명의 사람이 아닌 장애인으로만 보았다는 얘기거든요. 세상을 향해 고개 숙인 엄마의 모습에는 내 아들이 장애인이라서 죄송하다는 전제가 깔려 있었어요. 장애는 누구의 잘못도 아닌데 나는 무엇이 그리도 죄송해서 아들을 죄인으로 만들었을까요? 아들에게 미안해지는 대목입니다.

　　장애는 미안해할 일이 아닙니다. 장애는 그냥 장애일 뿐입니다. 곱슬머리를 갖고 있는 게 남들에게 미안할 일이 아니듯이, 지적장애가 있는 게 미안할 일은 아니라는 얘기입니다. 그 누구도 원해서 장애인이 된 사람은 없습니다. 장애는 '그냥' 찾아옵니다. 나 아니면 너, 확률 게임에서 앞서 걸린 누군가부터 장애를 먼저 맞이하게 될

다르지만 다르지 않습니다

뿐입니다.

더불어 장애라는 것은 싸워서 이기거나, 노력해서 극복해야 할 성질의 것도 아닙니다. 싸우거나 극복해서 발달장애를 없애는 건 현대 의학에선 불가능합니다. 누군가 그것을 가능하게 한다면 그는 인류 역사에 큰 획을 긋고 노벨 의학상을 받게 될 겁니다. 인류의 진화를 바꾸는 일이 될 테니까요.

이렇듯 장애는 미안해할 것도 아니고 노력해서 없어지는 것도 아니기 때문에 평생을 지니고 살아야 하는 개인의 특성일 뿐입니다. 우리 모두가 서로 다른 특성을 갖고 있듯이 제 아들은 단지 지적장애로 인해 나타나는 특성을 지닌 어른으로 자라게 되는 것입니다.

여기서 또 하나 중요한 점을 짚고 넘어가야 합니다. 우리가 종종 잊곤 하는 게 있거든요. 심지어 저조차도 수시로 저질렀던 실수입니다. 그것은 바로 제 아들이 발달장애인이지만, 그는 장애인이기에 앞서 나와 똑같은 사람이라는 점을 잊어버리곤 한다는 것입니다. 사람이기에 앞서 장애인으로 먼저 바라봅니다.

바로 여기예요. 밑줄 쫙! 바로 여기에서부터 장애인 차별이 시작됩니다. 장애인에 대한 편견이 시작됩니다. 장애인은 '나와 같은 너'가 아닌 '나와는 다른 너'가 됩니다. 그러다 보니 장애가 있다는 것만으로 배척을 당하거나 오히려 특별대우를 받습니다.

후아, 숨도 쉬지 않고 너무 몰아쳤나요? 그럼 잠깐 분위기를 전환해볼게요. 제가 애정하는 만화 한 편을 소개하고자 합니다. 우라사와 나오키라는 일본 작가의 《몬스터Monster》입니다. 단행본으로 본 사람도 있을 것이고, 애니메이션으로 본 사람도 있을 것이고, 처음 들어본 사람도 있을 것입니다.

《몬스터》를 모르는 분들을 위해 줄거리를 살짝 언급하도록 할게요. 중부 유럽에서 활동하는 일본인 외과 의사 텐마는 '성공'과 '양심'의 기로에 선 순간 의사로서의 '양심'을 택해 유명 인사 대신 총에 맞은 한 소년을 살려냅니다. 그런데 텐마가 살려낸 그 소년 요한은 훗날 아무렇지도 않게 살인을 저지르는 몬스터로 성장합니다. 이에 텐마는 요한의 쌍둥이 여동생 니나와 함께 요한을 저지하기 위해 길을 떠납니다.

제가 이야기하고 싶은 건 텐마와 니나의 여정이 아닙니다. 살인마 요한이 겪은 일을 말하고 싶어요. '몬스터'가 될 수밖에 없었던 요한의 이야기를요.

요한과 니나는 쌍둥이 남매입니다. 그런데 오랜 시간이 지난 후 한 명은 몬스터가 되었고 나머지 한 명은 따뜻한 마음을 지닌 어른으로 성장했습니다. 어릴 때 헤어진 그들이 각기 자라온 환경이 달랐기 때문입니다.

니나는 사랑이 많은 가정에 입양돼 좋은 환경에서 좋은 양육 지원을 받으며 건강하고 밝은 성인으로 자라게 되었습니다. 요한은 그러지 못했습니다. 당시는 나치 시대였는데, 독일 정부가 피도 눈물도 없는 '완벽한 권력자'를 만들어내기 위해 고아원의 아이들을 상대로 실험을 자행합니다. 어린아이들에게 온갖 부정적인 것들을 주입합니다. 요한은 엄마의 '선택'에 의해 니나 대신 이 고아원에 가게 됩니다.

고아원에서 '완벽한 권력자'가 되기 위해 교육을 받는 아이들. 이 아이들이 아는 세상은 차갑고 냉정하며 두렵기만 합니다. 아이들이 택할 수 있는 선택지는 두 개예요. 그 무서운 세상으로부터 숨어버리든가, 두려움의 실체인 세상을 파괴하든가. 요한은 후자였어요. 그렇게 살기 위해, 살아가기 위해, 아마도 요한은 스스로 '몬스터'가 되어간 게 아닐까 생각해봅니다.

좋든 싫든 장애인과 비장애인은 한 사회 안에서 서로 부대끼며 살아갈 수밖에 없습니다. 기존에는 저조차도 장애인이 비장애인의 세상에 적응하기 위해 노력해야 한다고 생각했어요. 그런데 관점을 살짝만 바꿔보니 다른 게 보입니다. 노력은 어느 한쪽의 것이 아닌 쌍방의 것이어야 했습니다.

발달장애인들이 우리 사회에 적응해 살아가기 위해 수많은 치료실을 전전하며 개별 교육을 받는 것처럼, 장애가 없는 우리도 발달장애인을 위한 우리 나름의 노력을 해야 했어요. 거창한 무엇을 말하는 게 아닙니다. 바로 우리들의 편견과 시선에 관한 문제를 얘기하는 것입니다. 사회의 포용력과 건강성에 관한 문제를 얘기하고 싶은 것입니다. 따뜻함에 관한 얘기를 하고자 하는 것입니다.

세상이 발달장애인에게 부정적 감정의 결이 흐르는 시선을 평생 동안 쏘아 보낼 때, 단지 장애가 있다는 존재성의 문제로 배척을 당할 때, 장애가 있는 그들은 세상을 어떻게 인식하며 살아가게 될까요?

여기서 질문을 해보려 합니다. 여러분은 어떤 장애인과 함께 살아가고 싶나요? 세상에 묻습니다. 세상은 어떤 장애인을 포용하고 싶나요?

비록 장애가 있지만 밝고 긍정적이고 건강한 마음을 지닌 행복한 장애인과 함께 살고 싶나요? 아니면 세상의 차가움을 어릴 때부터 지속적으로 경험해 자존감도 낮고 마음이 꼬여 있는 부정적인 장애인과 함께 살고 싶나요?

다시 몬스터 이야기로 가봅니다. 괴물은 태어나는 것이던가요? 만들어지는 것이던가요? 자라온 환경이 쌍둥이인 니나와 요한을 각각 어떻게 바꾸었던가요? 우리가 이 사회의 장애인들에게 기대하는 건 어떤 모습인가요?

운 좋게도 장애 없이 살고 있는 우리가 한 번쯤 생각해봐야 할 대목입니다.

발달장애인은
정말 위험할까?

아들을 데리고 동네 산책을 나선 어느 날 오후입니다. 횡단보도의 신호등이 파란불로 바뀌길 기다리며 서 있습니다. 아들은 기분이 좋아서 힘차게 옹알이를 합니다. 아직 말을 하지 못하거든요. 기분이 좋을 때 하는 행동, 양옆으로 고개를 돌리며 동시에 제자리에서 껑충껑충 뛰는 고난도의 기술도 함께 선보입니다.

아들의 행동은 평범하지 않습니다. 한눈에 봐도 발달장애인인 게 티가 납니다. 그때 아들 옆에는 비슷한 또래의 여자아이와 그 아이의 엄마가 서 있었습니다. 기분 좋은 아들이 제자리 뛰기를 하는 순간 여자아이의 엄마가 아들을 힐끔 쳐다봅니다. 그리고 여자아이의 손을 잡아끌어 자신과 자리를 바꿉니다. 이제 아들 옆에는 여자아이의 엄마가 서 있습니다.

그 엄마의 마음이 보입니다. 이상해 보이는 행동을 하는 발달장애 아이로부터 자신의 딸을 보호해야겠다는 생각이 든 것이겠지요. 저는 이 모습을 그냥 바라보고만 있습니다. 이런 일은 일상다반사입니다.

여러 곳에 강연을 다니며 사람들을 만납니다. 그때마다 자주 받는 질문이 하나 있어요. "발달장애인은 공격적이고 위험하지 않나요?" 발달장애에 대해 잘 모르는 일반인은 차치하고라도 발달장애인 학생을 제자로 둔 일반 교사들마저 이런 질문을 할 때면 제 마음은 슬퍼집니다. 발달장애인은 정말 공격적이고 위험한 존재일까요?

이 질문에 답하기 위해선 저도 용기를 내서 회피하고 싶은 이야기를 하나 꺼내야 합니다. 몇 년 전, 18세의 발달장애 이 모 군이 두 살 어린이를 복지관 창문 밖으로 던져 사망케 한 사건 말입니다.

이 사건은 발달장애인에 대해 잘 몰라서 막연한 두려움을 갖고 있던 이들에게 "거 봐, 역시 발달장애인은 위험해"라며 확신을 심어주는 계기가 되었습니다. 정도의 차이는 있겠지만 '발달장애인'이라는 주체에게 갖고 있던 모두의 편견에 화르르 불을 지펴버린 것입니다.

이제 성인 발달장애인은 잠재적 범죄자 취급을 받기도 합니다. 지하철에서 마주친 발달장애인이 몸을 앞뒤로 흔들거나 자신의 귀를 틀어막고 있으면 어떤 위험한 행동이 이어질까 두려워 곁에 가질 않습니다. 젊은 아가씨들은 아예 옆 칸으로 이동해버리기도 합니다.

고백하자면 저도 그랬습니다. 제 아들이 발달장애인이면서도 덩치 큰 성인 발달장애인을 보면 무서웠어요. 그런데 지금은 무섭지가 않습니다. 왜냐고요? 이제는 알거든요. 그때는 몰라서 무서워했지만 알고 나니 무서워할 필요가 없다는 것을 말입니다.

발달장애인이 보이는 특이 행동 중에 상동행동이라는 것이 있습니다. 제 아들이 고개를 양옆으로 돌리면서 제자리 뛰기를 하는 것이나, 자폐성 청년이 몸을 앞뒤로 흔드는 행동, 자폐성 어린이가 제자리에서 빙글빙글 돌거나 손을 공중에서 까딱거리는 행동 등이 모두 상동행동입니다.

보통의 우리들은 상동행동을 하지 않는다고 생각하기 때문에 발달장애인이 이렇게 눈에 띄는 행동을 하고 있으면 경계심이 듭니다. '왜 저런 행동을 하는 걸까?' 궁금하기도 하지만 일단은 무섭다는 생각이 들기 때문에 거리를 두게 됩니다.

그런데 알고 보면 발달장애인의 상동행동은 우리들이 하는 하품만큼이나 그들에겐 자연스러운 것이랍니다. 많은 수의 발달장애인은 감각의 문제를 가지고 있습니다. 누군가는 감각의 긴장도가 너무 높기도 하고, 누군가는 감각의 둔화가 심하기도 합니다.

저는 발달장애 소원연구소의 김성남 교수님 강의를 들으면서 이러한 사실을 알게 됐는데요. 감각의 민감도가 너무 높으면 매 순간을 롤러코스터 타는 듯한 느낌으로 지내야 하고, 감각 둔화가 너무 심하면 매 순간을 우황청심환 여러 개를 한 번에 복용한 것과 같은 상태로 지내게 된다고 하더군요.

그뿐이 아닙니다. 우리는 조명 아래서 편안함을 느끼지만 어떤 발달장애인은 불빛이 1초에 몇 번 깜박이는지가 포착돼 괴로울 수도 있고, 상대방의 얼굴을 보면 얼굴이 전체적으로 보이는 게 아니라 수백 개의 모공이 확대돼 보여 정신이 없을 수도 있답니다.

우리에게는 일상적으로 들리는 진공청소기 소리가 어떤 발달장애인에게는 귀에서 천둥과 우레가 몰아치는 소리처럼 크게 들리기도 합니다. 사람이 많은 곳에서 발생하는 백색소음이라고 아시죠? 너무 많은 소리들이 뒤엉켜 있으면 오히려 하나의 커다란 웅웅거림처럼 느껴져 더 이상 신경이 쓰이지 않는 상태요. 자동차 소음 등을 대표적으로 꼽을 수 있겠네요. 하지만 일부 발달장애인에겐 백색소음 안에서의 모든 소리가 고스란히 개별적으로 전해져 고통이 될 수도 있답니다.

만일 우리가 이러한 감각의 문제를 갖고 있다면 어떨까요? 감각이라는 것은 내가 마음대로 조정할 수도 없는데 특정 감각이 끊임없이 밀려들어 온다면 어떨까요? 힘들겠지요? 불안한 마음이 들 법도 하죠? 사람들과 눈을 마주치는 것조차 괴로울 것도 같죠?

여러분은 불안할 때 어떤 습관이 나오나요? 저는 아랫입술을 잘 근잘근 씹곤 합니다. 누군가는 손톱을 물어뜯기도 하고, 누군가는 볼펜을 까딱거리기도 하고, 누군가는 다리를 떨기도 할 겁니다. 크게 보면 이런 것도 상동행동입니다. 불안한 환경에서 자신의 마음을 안정시키고자 스스로에게 자기 자극을 주는 행동이기 때문입니다.

그러니까 제 아들이 고개를 양옆으로 돌리며 제자리 뛰기를 하는 건 그 순간에 제가 알지 못하는 어떤 감각이 너무 과하게 들어오거나 또는 너무 둔화돼 느껴지지 않아 감각의 균형을 맞추기 위해 본능적으로 조치를 취하고 있다고 봐도 되겠네요.

지하철에서 만난 발달장애인이 몸을 앞뒤로 흔들고 있으면 그것은 흥분한 상태에서 공격적인 행동을 하기 위함이 아닙니다. 지하철이라는 불안한 환경에서 스스로를 보호하기 위해 감각을 진정시키며 애쓰고 있는 것으로 보면 됩니다.

우리가 불안할 때 볼펜을 까딱거렸다고 해서 위험한 상태가 아니듯이, 발달장애인이 상동행동을 하고 있다고 해서 위험한 상태는 아니라는 뜻입니다.

발달장애와 공격성은 별개의 문제다

한 발 더 나아가 보겠습니다. 발달장애인이 위험할까요? 장애가 없는 우리들이 위험할까요? 한번 짚고 넘어가 보고자 합니다. '발달장애인은 위험해'라는 생각이 편견에서 비롯된 것인지 실제 사실인지 따져볼 필요가 있기 때문입니다.

발달이 지연되는 것과 공격성을 띠는 것은 별개의 문제입니다. 우리도 누군가는 밖으로 표출하는 공격적인 기질을 타고나고, 누군가는 속으로 파고드는 내성적인 기질을 타고나듯이 발달장애인도 마찬가지입니다. 발달장애인이기에 앞서 사람이니까요. 발달장애인의 특성이 아니라 사람의 개별성에 관한 문제라는 얘기입니다.

그러니까 공격적인 성향을 나타내는 발달장애인이 있으면 그건 그의 개별성이지 발달장애인이기 때문에 공격적이라고 말할 수 없다는 얘기입니다.

물론 이런 경우는 있습니다. 제 아들은 상호소통이 원활하지 않을 때 떼를 씁니다. 자신의 의사가 상대방에게 전달되지 못했다고 느낄 때 울거나 발버둥 치는 것으로 자신의 답답한 마음을 전합니다.

제 딸이었다면 "엄마, 지금 내가 이런 기분이고 이게 하고 싶어"라고 말할 텐데, 아들은 말을 할 수 없으니 자신의 온몸을 이용해서 부정적인 의사를 표현합니다.

그런 순간에 누군가 아들을 봤다면 공격적이라고 생각할 수도 있을 겁니다. 발달장애인은 위험하다고 생각할 수도 있을 겁니다. 열 살이나 된 초등학생 어린이가 고성을 지르며 거리에 주저앉아 발버둥을 치고 있으니 곱게 보아주지는 않을 것 같습니다.

하지만 말입니다. 무차별적인 공격성을 띠는 게 아니랍니다. 아들의 모든 행동엔, 발달장애인의 모든 행동엔 이유가 있습니다. 가만히 사려 깊게 살펴보면 왜 그러는지, 무엇을 원하기에 그러는지 알게 됩니다. 이유 없는 행동을 하고, 이유 없는 공격성을 띠는 발달장애인을 저는 아직까지 보지 못했습니다.

얼핏 공격적으로 보이는 행동조차 그들에겐 소통의 도구입니다. 제 아들은 놀이터에 가고 싶은데 엄마가 치료실에 가자며 차를 타러 갈 때, 놀이터에 가고 싶다는 자신의 의사를 전달하기 위해 거리에 주저앉아 울면서 발버둥을 칩니다. 공격적으로 보이지만 그 행동에 의도된 잔인함은 없습니다. 단지 소통의 한 가지 방법일 뿐입니다. 물론 이런 부정적인 소통의 방법은 나이가 들면서 점점 긍정적인 방법으로 바뀌어야 하겠지요.

그런데 우리들은 어떨까요? 장애가 없어 당당한 우리들은 그 당당함만큼이나 크고 작은 공격성을 대놓고 드러냅니다. 특정 대상층을 향한 혐오, 모욕, 무시, 왕따, 무차별적인 폭행, 인터넷 폭력, 성범죄, 강력 범죄, 묻지 마 폭행 등등. 정상과 비정상은 그 경계조차 모호하지만 흔히 '정상적'이라 말하는 우리들의 공격성이야말로 심각한 사회문제를 야기합니다. 의도한 잔인함이 넘쳐납니다.

우리나라에서 발생하는 한 해 살인 사건이 1천 건을 넘고, 실종자가 5만 명을 넘어가는 현실입니다. 그러니까 오늘 하루에만도 어딘가에서 3명이 누군가에게 살인을 당했고, 150명 넘는 사람들은 실종되었다고 보면 됩니다. 이것이 우리들의 현실입니다.

그에 반해 발달장애인이 저지르는 범죄는 어떨까요? 몇 년 전 대한민국을 떠들썩하게 달군 그 사건으로 인해 사람들은 여전히 발달장애인이 위험한 존재라 단정 짓고 경계합니다. 오히려 자신을 보호하는 데 서툰 발달장애인은 수많은 범죄에 노출돼 피해자가 되는 경우가 허다한데 말입니다.

장애와는 무관한 비장애인으로 30년 넘게 살아오다 지적장애인 자식을 키우며 장애인과 함께하는 삶을 10년 가까이 살다 보니 알게 된 것이 하나 있습니다. 진짜 공격적이고 무서운 것은 느린 속도로 성장해가는 발달장애인이 아니라 장애가 없어 당당하고 똑똑한 우리들 자신이라는 사실입니다.

장애인이 싫을 수도 있습니다. 각자의 호불호가 있으니까요. 특별한 피해를 받은 적이 없지만 이유 없이 그냥 꺼려질 수도 있어요. 그런 것까지 뭐라 할 수는 없습니다. 저도 피해를 받은 게 없음에도 싫어하는 정치인도 있고 싫어하는 연예인도 있거든요.

하지만 발달장애인이 싫다고 해서 그들이 위험하다는 생각까지 정당화하지는 말았으면 좋겠습니다. 좋고 싫은 건 '느끼는 감정'에 대한 문제이고, 위험하다는 건 '사실 여부'에 관한 문제입니다. 감정 때문에 사실을 호도하지 않는 우리들이 되었으면 합니다.

다르지만 다르지 않습니다

발달장애인에 대한
또 다른 오해들

발달장애인은 아무것도 알아듣지 못할까

발달장애인을 잘 모르기 때문에 갖는 오해는 또 있습니다. 우리만큼 유창하게 말로써 자신의 의사를 전달하지 못하기 때문에 아무것도 모를 것이라 생각하는 것입니다. 그러다 보니 당사자를 앞에 두고도 막말을 하게 됩니다. 인격 비하의 발언도 서슴없이 합니다. 알아듣지 못할 것이라 생각하기 때문에 죄책감도 느끼지 않습니다.

하지만 그렇지 않습니다. 말을 하는 발화언어 능력과 말귀를 알아듣는 수용언어 능력은 서로 다르게 발달합니다. 말은 못해도 무슨 얘기인지는 다 이해하고 있다고 보면 됩니다.

어느 날 저녁의 일이었어요. 엄마가 자신이 좋아하는 반찬을 요리하고 있는 걸 본 아들은 마음이 급해집니다. 빨리 밥이 먹고 싶어요. 다용도실의 문을 열고 나가더니 즉석밥을 하나 꺼내서 식탁 위에 놓아두고 얌전히 앉아 기다려요. "엄마, 나 밥 먹을 준비 다 됐어. 빨리 주세요"라는 말을 온몸으로 표현한 것입니다.

이토록 확실하게 자기 의사를 표현하다니……. 그 모습을 보고 있던 남편과 저는 아들이 기특하고 예뻐서 난리가 납니다. 남편이 아들을 껴안고 뽀뽀 세례를 퍼부어대며 이렇게 말해요.

"아이고, 사람 흉내 내는 거야? 응? 상까지 차렸어? 아이고, 이제 사람 다 됐네."

웃고 있던 저는 얼굴이 굳어져요. 그런 말을 하면 안 된다고 나무랐더니 남편이 말해요.

"뭐 어때? 알아듣지도 못하는데."

명절에 친정엘 갔습니다. 아들이 웃고 있던 모습을 지켜보던 친정아버지가 말을 해요.

"우리 중에 동환이가 제일 행복하구나. 혼자만의 세계에서 무슨 걱정이 있겠니."

저는 또 놀랍니다. 혼자만의 세계에서 즐거워하다니요. 아니에요. 어떤 재미있는 생각이 방금 떠올랐나 보죠. 우리도 문득 과거의 재미난 일이 떠오를 때면 혼자 웃음이 터져 나오기도 하잖아요. 제 아들은 인지가 낮고 일부 감각이 다를 뿐이지 정신적인 인격의 문제를 겪고 있는 게 아니에요. 자신만의 세상 안에서 여러 명의 친구를 만들어두고 그들과 즐겁게 노느라 웃음이 터져 나오는 게 아니라고요.

발달장애를 잘 모르기 때문에, 발달장애인과 처음으로 깊은 관계를 맺고 살아가기 때문에, 가까운 가족들마저 이런 오해를 하곤 합니다. 그러니 평소 발달장애인을 볼 기회도 없고 그들에 대해 잘 알지도 못하는 우리들은 어떨까요? 인지가 낮은 발달장애인은 아무것도 모른다고 생각해 의도하지 않은 실수를 저지르고 상처를 주기도 합니다.

사람은 적응의 동물이에요. 누구나 살기 위해서 환경에 적응하게 되어 있어요. 수용언어 능력이 크게 발달하지 못한 경우엔 '눈치'가 발달합니다. 정확한 말의 뜻은 몰라도 뉘앙스와 분위기 등으로 상황을 기막히게 파악합니다.

수용언어의 발달 수준이 높은 경우라면 더하겠지요. 자신을 향한 주변의 모든 이야기들을 그대로 받아들이고 이해합니다. 이런 경우의 사례를 하나 소개할게요. 캐나다에 사는 10대 소녀 칼리의 이야기입니다. 이 소녀의 이야기는 유튜브에서 만나볼 수 있어요.

칼리는 말도 못하고, 알 수 없는 이상한 행동만 하는 중증의 자폐성 장애인입니다. 자신의 머리를 마구 때리고 팔다리를 휘저으며 괴성을 질러대는 칼리를 앞에 두고 부모님은 별별 이야기를 다하곤 했어요. 그러던 어느 날부터 칼리는 컴퓨터를 배우게 됩니다. 키보드를 이용해 의사소통할 수 있는 방법을 익히게 된 것입니다. 여러 치료사들의 협업으로 오랜 시간 컴퓨터를 배워 문장을 쓸 수 있게 된 칼리. 그녀가 키보드를 통해 쏟아낸 이야기들은 놀라웠습니다.

칼리는 자신이 자폐성 장애인이지만 그건 진정한 자신이 아니라고 했어요. 보통의 사람이라면 조정할 수 없는 고장 난 몸 안에 자신이 살고 있다고 말입니다.

갑자기 여러 감각이 밀려들어 오면 그 감각들을 조정할 수가 없다고. 그 감각들을 막기 위해 자신은 머리를 때리거나 박수를 치거나 몸을 구르거나 등의 상동행동을 하게 된다고. 머리를 때리는 이유는 그렇게 하지 않으면 (밀려드는 감각 때문에) 온몸이 잔뜩 흔든 콜라처럼 폭발할 것 같아서라고. 자신의 몸과 자신의 두뇌는 항상 싸우고 있다고 칼리는 말했습니다.

자신이 조정할 수 없는 몸 안에 갇혀 산다는 건 어떤 느낌일까요? 내 머리는 그러지 않길 바라는데 내 몸은 그럴 수밖에 없는 상황이 매 순간 이어진다는 건 어떤 걸까요? 감각의 문제를 겪어보지 못한 저는 상상도 못 할 일입니다.

이러한 사례는 주변에서도 찾아볼 수 있습니다. 지난겨울 저는 지하철에서 칼리와 비슷한 케이스의 발달장애인을 한 명 만났습니

다르지만 다르지 않습니다

다. 10대 중반으로 보이는 소년은 할머니와 함께 지하철에 올랐는데, 아직 말을 못하는지 "응응 응응"이라는 말만 반복하며 할머니와 의사소통을 하고 있었어요.

처음엔 할머니가 눈길을 잡아끌었습니다. 소년은 "응응"이라는 말만 하는데 엄마도 아닌 할머니가 모든 걸 알아듣고 소년과 대화를 나누는 게 신기했거든요. 그러다 문득 특이한 점을 발견했습니다. 소년이 "응응" 할 때마다 손에 들린 핸드폰을 내밀었고 그때마다 할머니가 핸드폰을 본 뒤 소년에게 말을 했던 것이었습니다.

그 모습을 본 저는 휙 돌아 할머니에게 인사를 건넸습니다. 제 아들도 장애가 있는데 소년의 모습을 지켜보다 궁금한 게 생겼다며 아이랑 핸드폰을 통해 대화하는 것이냐고 물었습니다.

할머니는 그렇다면서 핸드폰을 보여주었는데 화면에는 "갈때○○마트에들러서사가"라는 문장이 적혀 있었습니다. 띄어쓰기는 안 돼 있었지만 전달하고자 하는 의미는 명백했습니다. 갈 때 집 근처 마트에 들러서 무엇인가를 사서 들어가자는 뜻이었습니다.

발화가 안 돼 말을 할 줄 모르는 발달장애 소년이 한글을 익혀서 핸드폰으로 의사소통하고 있는 모습을 처음으로 본 것이었습니다. 저는 그 소년이 신기하기도 하고 대단하기도 해서 할머니와 오랫동안 이야기를 나누다 지하철에서 내렸습니다.

이렇듯 발달장애인이 말을 할 줄 모른다고 아무것도 알아듣지 못할 거라 생각해 함부로 대한다면 큰 실수를 저지르게 될 수도 있습니다.

발달장애인과 그 가족은 불행할까

그럼 다음으로 넘어갑니다. 이번에는 '발달장애인과 그 가족은 불행할 것이다'라는 편견에 대해 이야기하고자 합니다. 불쌍한 장애인과 불행한 그의 가족들. 막 도와줘야 할 것 같고 뭔가 잘해줘야 할 것 같은 동정심을 일으키는 그들. 크윽. 눈물이 앞을 가립니다. 저와 아들과 우리 가족은 불쌍하고 불행할까요?

결론부터 이야기합니다. 그렇지 않습니다. 제 아들은 불쌍하지도 않고 저희 가족 역시 불행하지 않습니다.

물론 아들이 불쌍하다는 생각을 할 때도 있습니다. 쌍둥이 누나는 당연하게 누리는 것들, 이를테면 집 앞의 가까운 학교엘 다니고 친구들과 어울려 노는 모습을 보면 그러지 못하는 아들이 안쓰럽게 느껴지기도 합니다. 그렇다고 해서 동정 받을 만큼 불쌍하지는 않습니다. 아들은 아들 나름의 인생을 살고 있거든요.

특수학교에서 수업을 받고, 끝나면 치료실에 들렀다 집에 오고, 날이 좋을 땐 아빠의 퇴근길에 맞춰 온 가족이 동네 산책을 나갑니다. 주말이면 밖에 나가 재밌게 놀고 외식도 하며 하루를 보냅니다. 집에선 아빠 엄마의 사랑을 듬뿍 받습니다.

쌍둥이 누나와는 자주 다투기도 하지만 얼마 후에 풀어지고 나면 자신보다 머리 하나가 작은 누나한테 업어달라고 애교를 부립니다. 아들과 집에서 함께 보내는 시간 동안 저는 제 아들의 장애를 인지조차 못하고 삽니다. 동정해야 할 불쌍한 장애인이 아닌 그냥 남들과 똑같은 자식일 뿐입니다.

저와 제 가족 역시 불행하지 않습니다. 솔직히 제가 '장애도'에 갇혀 있던 시절에는 마음이 불행했습니다. 제 인생은 끝났다고 생각했으며, 평생을 장애인 자식에게 발목 잡혀 살게 되었다고 원망하는 마음이 들었거든요. 부부 사이도 엉망이 되고 모든 게 힘들었던 시절입니다. 하지만 살고자 하는 스스로의 노력과 주변의 도움을 받아 세상 밖으로 나온 뒤부턴 더 이상 자식의 장애 때문에 불행하다는 생각은 들지 않습니다.

발달장애가 있는 자식을 키운다는 건 몸이 힘든 일입니다. 아직도 응가 실수를 할 때도 있고, 옷도 갈아입혀 줘야 하고, 밥 먹을 때도 도와줘야 하니 갱년기가 다가오는 중년의 제 몸뚱이는 슬슬 고장이 나기 시작합니다.

하지만 몸이 힘든 것과 마음이 힘든 것은 별개입니다. 몸은 힘든데 마음은 힘들지 않은 그런 경험, 여러분도 있을 겁니다. 게다가 '장애도'에서 벗어나 '세상' 속에서 살기로 하면서부터 제 마음은 한층 더 평안해지기 시작했습니다. 아들의 장애만 바라보고 살았을 땐 절망만이 가득하고 모든 게 불행했는데, 아들의 장애가 아닌 다른 것들도 바라보기 시작하자 삶도 달라지기 시작하더군요.

지금의 저는 아들도 바라보지만 제 가족은 물론 제 자신도 바라봅니다. 아들의 미래만 걱정하는 게 아니라, 아들을 포함한 우리 가족 모두가 어떻게 하면 현재를 행복하게 살까 고민합니다. 아들의 장애가 인생의 장애는 아니란 걸 알게 된 것입니다. 그러고 나자 다시 꿈을 꾸고 싶어집니다. 꿈꾸기 위해 꿈틀꿈틀하고자 하는 욕구가 생깁니다.

물론 여전히 어려움은 있습니다. 아들은 발달장애인 중에서도 유독 느린 속도로 성장해나가고, 밖에 나가서 마주치는 세상의 시선은 아직도 따뜻하지 않습니다. 이런 세상에서 아들과 저와 제 가족은 우리의 인생을 잘 살아내는 것과 동시에 장애인에 대한 세상의 편견과도 맞서야 합니다. 결코 쉬운 일이 아닙니다. 하지만 그렇다고 해서 불행한 것도 아니지요. 이것은 분명히 구분할 필요가 있습니다.

그리고 여러분은 알지 못하는, 발달장애인만이 줄 수 있는 행복이라는 게 또 있답니다.

자신의 감정을 숨길 줄 모르는 아이, 슬프면 슬프고 기쁘면 기쁜 아이, 모든 게 투명한 아들 옆에 있으면 제 마음도 투명하게 정화되는 것처럼 느껴질 때가 있습니다. 세상살이에선 어쩔 수 없이 사회생활의 가면을 써야 할 때가 있잖아요. 싫은 이들과도 웃으며 인사해야 하고 싫어도 좋은 척, 좋아도 그저 그런 척해야 할 때도 있는 법이죠.

이런 가면 놀이를 한 번씩 하고 나면 참 힘이 듭니다. 그럴 때 사회생활용 가면을 쓰지 않고 자신을 있는 그대로 드러내는 아들 옆에 나란히 누워 있으면 마음이 편안해집니다. 피곤한 세상살이 인간관계에서 유일한 휴식을 느낄 수 있는 청정 구역 안에 들어와 있는 느낌이에요.

어디 그뿐인 줄 아세요? 또래보다 어린 행동 양상을 보이는 아들은 지금까지도 갓난아기를 키울 때 느끼는 것과 같은 종류의 기쁨을 주곤 합니다. 열 살 어린이가 두 살 아기들이나 하는 짓을 하며 웃고 있는 걸 보면 한숨보다는 웃음이 먼저 터져 나옵니다.

또 있어요. 아들과 함께하는 일상에선 소소한 성취감이 자주 찾아옵니다. 일주일 전만 해도 바지 한쪽에 양다리를 다 넣던 아이가 오늘은 각각 발을 한쪽씩 바르게 넣어서 바지를 입어요. 환호성이 터져 나옵니다. 이러한 성질의 기쁨은 제 아들이 발달장애가 있기에, 느린 속도로 성장해나가는 발달장애인이기에 줄 수 있는 기쁨입니다.

장애가 없는 쌍둥이 딸은 전혀 다른 종류의 기쁨을 줍니다. 영어 시험에서 백 점을 맞은 기쁨, 피아노를 잘 쳐서 콩쿠르 대회에서 상을 받은 기쁨, 혼자서 목욕하고 머리까지 야무지게 말리는 기쁨, 자기 방 정리를 잘하는 기쁨 같은 것들이요. 우리가 익히 알고 경험해본 일상적인 기쁨들을 줍니다.

그러니 이렇듯 전혀 새로운 종류의 기쁨을 가져다주는 발달장애인을 불쌍하다 동정할 필요도 없고, 그 기쁨을 맛보고 사는 장애인 가족이 불행하다고 지레 짐작할 필요도 없습니다.

장애인과 그 가족은 '특별한' 누군가가 아니라 여러분과 똑같은 '보통의' 이웃입니다. 울고 웃고 소리치고 싸우고 사랑하고 웃어대는 여러분처럼, 우리도 똑같은 삶을 살고 있답니다. 다만 가족 중에 장애인이 있고, 그로 인해 겪는 크고 작은 어려움이 있을 뿐이에요.

다르지만 다르지 않습니다

장애 아이를
키운다는 것

장애가 있는 아들을 키우며 살아가는 일상이 어떤 것일지, 그 안에서 부딪히는 크고 작은 문제들이라는 게 구체적으로 어떤 상황을 말하는 것인지 여전히 낯설고 잘 모르겠는 분들도 있을 거예요.

그래서 제 아들과 함께하는 사소한 일상의 몇 가지 민낯을 공개합니다. 발달장애인과 그 가족들의 일상을 이해하는 데 도움이 되기를 바라는 마음입니다.

혐오의 대상이 되어버린 지하철 탑승기

먼저 지하철을 탔을 때 벌어졌던 일입니다. 지난해 저희 가족은 어떤 행사에 참석하기 위해 온 가족이 함께 지하철을 탔습니다. 행사 후 술자리가 예정돼 있어서 차를 놓고 갔어요. 갈 때는 지하철을 타고 올 때는 택시를 타기로 했습니다.

지하철을 두 번이나 갈아타야 해서 아들이 버텨줄까 조마조마했지만 아들도 지루한 지하철에 익숙해져야 했기 때문에 도전했습니다.

아들은 "잉잉" 하면서 짜증을 내기도 했고 살짝 울먹이기도 했지만 두 번째 지하철까진 그럭저럭 잘 버텨냈습니다. 문제는 마지막입니다. 세 번째 지하철이 역으로 들어오는 순간부터 아들의 몸이 비비 꼬이기 시작합니다. 불안한 예감이 들기도 했지만 잠실역에서 석촌역까지 딱 한 정거장만 더 가면 됐기 때문에 남편과 저는 아들을 달랠 새도 없이 지하철 문이 열리자 안으로 들어갔습니다.

그때 폭탄이 터집니다. 지하철 안에 들어서자마자 아들이 폭발을 해버린 것이었어요. "우왕" 하더니 울면서 바닥에 대자로 누워버립니다.

아들 입장에선 당연한 반응을 보인 것이었어요. 이전까지는 지하철을 탈 때 한 번 갈아타고 나면 원하는 목적지에 도착해 밖으로 나가곤 했거든요. 그런데 이번은 한 번을 갈아탔는데도 밖으로 나가지 않고 새로운 지하철을 또 탑니다. 아들은 이 상황이 싫고 이해도 되지 않습니다. 아빠 엄마가 사전에 이해가 될 때까지 설명했어야 했는데도 그러질 않았습니다.

다르지만 다르지 않습니다

"이제 밖으로 나가자. 한 번 갈아탔잖아. 지하철은 지겹고 싫어."
이런 말이 하고 싶었던 아들은 세 번째 지하철을 타자마자 드러누워 울어버리는 것으로 자신의 의사를 전달합니다.

금세 사람들의 이목이 쏠리고 저는 얼른 무릎을 꿇어 아들을 달래고 일으켜 세웁니다. 훌쩍 큰 아이가 말을 못하고 옹알이 같은 외침을 쏟아내면서 울어대니 사람들이 금방 알아챕니다. 발달장애가 있는 아이라는 것을요.

그때 아들 옆에 있던 20대 아가씨 한 명이 "어머낫!" 하면서 과도하게 민감한 반응을 합니다. 인상을 찌푸린 채로 아들을 쳐다보면서 바닥에 고인 구정물을 피하기 위해 발을 빼는 듯한 모습으로 한 발을 들어 아들로부터 거리를 두고 비켜납니다.

순식간에 제 아들은 혐오물이 됩니다. 이런 일은 일상다반사입니다.

전쟁 같은 매일 아침의 풍경

이번엔 매일 아침의 풍경입니다. 제 아들은 아침 7시가 되면 일어나 학교에 갈 준비를 합니다. 여유 있는 날은 계란비빔밥에 김을 싸서 먹고 가지만 그렇지 않은 날은 구운 식빵을 우유와 함께 먹고 갑니다.

빵을 먹을 때는 반드시 아무것도 바르지 않은 우유식빵이어야만 합니다. 옥수수식빵이나 버터식빵 등은 귀신처럼 맛을 알아채고 먹질 않습니다. 딸기잼을 발라서 주면 잼이 안 발라진 식빵 겉의 표면만 얇게 뜯어 먹습니다.

세 살부터 다섯 살까지 무려 천 끼가 넘는 식사를 오로지 흰 밥에 김치, 또는 김치전으로만 먹었던 녀석입니다. 그만큼 구강의 민감성이 남다릅니다. 앞에서 발달장애인의 감각의 문제를 이야기했었죠?

다행히 유치원 시절 설리번 선생님 같은 특수교사를 만나 김치만 먹을 줄 알던 구강의 민감성이 많이 둔화됐지만 여전히 과일이나 디저트는 입에도 안 대고, 음료도 우유와 두유 말고는 먹질 않습니다.

어쨌든 그렇게 아침밥을 먹고 나면 옷을 입는데 진짜 전쟁은 지금부터입니다. 엄마인 제가 할 일이 많습니다.

스쿨버스를 타는 한 시간 동안 화장실에 가고 싶어도 갈 수 없고, 소변이 마려워도 마렵다는 의사를 제대로 전달할 수 없기 때문에 엄마인 저는 대비를 해서 보내야 합니다. 바로 몇 개월 전까지만 해도 등굣길에 기저귀를 채워 보냈습니다. 지금은 집에서 나가기 바로 전에 화장실에 들렀다 가는 것으로 한 시간을 버팁니다. 그동안 또 성장한 것입니다.

혼자 옷을 입을 줄 모르는 아들에게 끙끙대며 옷을 다 입히고 나면 저는 아들의 윗옷을 홀라당 걷어 올립니다. 그리고 반으로 자른

수건을 등 전체에 평평히 댄 후 다시 옷을 내립니다.

아들은 차를 타면 등에만 땀이 나는 특이체질이라 등이 흠뻑 젖곤 합니다. 한 시간이나 차를 타면 가제 수건으론 감당이 안 될 정도로 등이 젖기 때문에 수건을 반으로 잘라 등에 대고 버스를 타는 것입니다. 학교에 도착하면 담임 선생님은 등에서 젖은 수건을 빼 가방에 넣어 집으로 돌려보냅니다.

그나마 여름은 수월합니다. 옷을 간결하게 입기 때문입니다. 문제는 겨울입니다. 찬바람 쌩쌩 몰아치는 영하의 추위에도 옷을 두껍게 입히지 못합니다. 내복 위에 얇은 상의만 한 벌 입히고 잠바를 입힙니다. 따뜻하게 옷을 여러 벌 겹쳐서 입히지 못하는 건 스쿨버스 안이 더워서 땀이 나도 스스로 목도리를 풀 수가 없고 잠바의 지퍼도 내리지 못하기 때문입니다.

히터가 나오는 스쿨버스 안에서 땀으로 목욕을 해도 옷을 벗기고 다시 입혀줄 인력이 없기 때문에 땀으로 탈진하지 않게 하기 위해서 아예 옷을 얇게 입혀 보냅니다. 그 대신 학교에 도착하면 교실에서 덧입을 수 있도록 두꺼운 카디건을 따로 준비해 보냅니다.

스쿨버스가 도착하는 시간은 8시 5분. 집에서 정류장까지는 어른 걸음으로 1~2분 거리지만 매일이 다릅니다. 협조적인 어떤 날은 2분 만에 도착하는 반면 그렇지 않은 날은 10분 이상을 거리에서 씨름하기도 합니다.

빌라 계단을 내려가는 것부터 일입니다. 계단 손잡이에 비친 자신의 얼굴을 하염없이 들여다보기도 하고, 무슨 심보가 꼬였는지 2층 즈음에 떡하니 버티고 서서 당최 내려올 생각을 안 할 때도 있습니다.

그러면 저는 아침부터 복도가 울리게 노래를 불러대며 아들의 비위를 맞춥니다. 간지러움도 태우고, 두세 칸 정도는 안고도 내려오고, 힘으로 잡아끌기도 합니다. 그러는 동안에도 노래는 계속 불러야 합니다.

자, 드디어 밖으로 나왔습니다. 저는 얼른 손에 들고 있는 빨간색 망토를 입힙니다. 빨간 망토는 원래 제 옷인데 얇게 입힌 옷에 감기라도 걸릴까 봐 스쿨버스를 기다리는 동안 입혀둡니다. 버스에 타는 순간 급하게 벗겨서 망토는 다시 집으로 가져옵니다.

어쨌든 아들이 엄마의 '1인 쇼'를 감상하며 빌라 1층까지 무사히 내려왔다 해도 버스 정류장으로 가는 길은 험난하기만 합니다. 툭 하면 제자리에 멈춰 서서 움직이질 않습니다. 몇 걸음 잘 걷는다 싶어도 갑자기 무슨 감각이 파고든 건지 "우우우" 하며 멈춰 섭니다. 손을 들어 눈앞에서 파닥이며 한참 동안을 제자리에 서 있습니다.

갑자기 파고든 어떤 감각이 지나가도록 기다려줘야 하지만 저는 시계를 들여다보며 안절부절못하기 일쑤입니다. 그러다 보니 어떤 날은 감각이 파고들건 말건 아들의 팔을 잡고 뛰어버리기도 합니다.

다르지만 다르지 않습니다

버스가 도착하면 아들을 올려 보냅니다.

그동안 아들과 쌍둥이인 비장애인 딸은 모든 것을 혼자서 척척 해냅니다. 7시에 일어나면 혼자서 화장실로 가 세수와 양치질을 하고, 차려준 밥이나 빵을 먹고, 본인이 알아서 옷을 갈아입습니다. 그러다 8시 30분이 되면 앞집에 사는 할머니를 만나 함께 등교합니다.

평범한 초등학생의 일상은 이렇습니다. 엄마의 손이 갈 일이 크게 없습니다. 머리 묶는 것만 엄마인 제가 해줍니다. 하나에서 열까지 엄마의 손이 거치지 않으면 안 되는 아들과는 천지 차이입니다. 아들은 제 몸을 힘들게 합니다. 하지만 몸이 힘든 것은 큰 문제가 아닙니다. 진짜 힘든 건 마음이 힘든 것이니까요.

장애 아이가 선사하는 예상치 못한 기쁨

어느 날 아침의 일입니다. 빵을 먹고 있던 아들이 노래를 불러달라고 합니다. 제 팔을 잡고 위아래로 흔드는 게 노래를 불러달라는 뜻입니다. 엄마의 팔을 흔드는 건 엄마가 노래를 부를 때 팔을 들썩이며 박자를 맞췄기 때문입니다. 애니메이션 〈겨울왕국〉을 좋아하는 아들을 위해 엘사의 대관식 날 안나가 부르던 〈태어나서 처음으로〉를 부릅니다.

아들은 익숙하고 좋아하는 노래가 나오자 앉은 상태에서 몸을 들썩이며 박자를 맞추기 시작합니다. 흥이 오르는지 노래에 맞춰 고개도 양옆으로 돌리기 시작합니다. 곧이어 엉덩이도 들썩들썩합니다. 그 천진난만한 모습, 자신의 즐거운 마음을 온몸으로 투명하게 표현하고 있는 아들을 보며 남편과 저는 웃겨 죽을 것 같습니다.

"너 때문에 웃고 산다. 너 아니면 이 세상에 웃을 일이 어디 있겠니."

조용히 읊조리는 남편의 말에 고개가 끄덕여집니다. 장애가 없는 딸은 딸대로 예쁩니다. 남들과 같은 속도로 자라가는 딸은 그 나이에 맞는 기쁨을 부모에게 선사해줍니다. 하지만 장애가 있는 아들은 장애가 있어서 예쁩니다. 느린 속도로 커가는 아이만이 줄 수 있는, 이 세상 어디에서도 받을 수 없는 '예상치 못한' 기쁨을 매일 매 순간 선물해줍니다. 장애 아이를 키운다는 건 그런 것입니다. 불행하고 우울하기만 한 게 아니랍니다.

발달장애인에 대한 오해와 그로 인해 갖게 된 편견은 아마 발달장애에 대해 아는 것만으로도 상당 부분 풀릴 수 있을 것이라 믿습니다. 저도 그랬으니까요. 이 글을 읽고 있는 여러분도 그러할 수 있기를 바라봅니다.

다르지만 다르지 않습니다

2장

대상화되는
장애인

대상화를
거부합니다!

'대상화對象化'. 사전을 찾아봅니다. 어떠한 사물을 일정한 의미를 지닌 인식의 대상이 되게 함. 자기의 주관 안에 있는 것을 객관적인 대상으로 구체화하며 밖에 있는 것으로 다룸.

'대상화'가 무엇인지 사전적 의미를 찾아본 것은 장애인과 그 가족들이 대상화되고 있기 때문입니다. 그리고 대상화야말로 장애인과 비장애인의 공존을 위해서 반드시 지양해야 할 것이기 때문입니다.

장애인을 위험하거나 불쌍한 존재로 규정짓고 바라보는 것, 장애인의 가족들은 불행한 삶을 살고 있을 것이라는 고정관념. 이런 것들이 장애인과 그 가족들을 일정한 인식의 틀 안에 가둬버립니다.

다르지만 다르지 않습니다

틀 안에 갇힌 저는 답답해서 벗어나고 싶어요.

자식이 장애인이라는 이유로 대상화되다 보니 "그럼에도 불구하고 너는 참 밝다"는 이야기를 많이 듣습니다. 비단 저만이 아니라 장애 아이를 둔 부모라면 늘 듣는 얘기 중에 하나가 바로 이 말이랍니다. 여러분도 이 책을 읽기 전까진 그런 고정관념이 있었을지도 모릅니다. 하지만 지금은 그렇지 않지요? 알고 나니, 달라진 것입니다. 고정관념이 깨지고 생각이 달라진 것입니다.

대상화가 시작되면 그때부터 장애인은 나와는 다른 누군가가 됩니다. 나와는 다른 존재니까 멀리하게 되거나 불쌍하고 안돼 보여서 도와줘야 하는 존재가 되는 것이지요. 거리감이 생겨버립니다.

요즘은 초·중·고교에서 1년에 두 번씩 장애 이해 교육을 한다고 합니다. 제가 초등학교를 다니던 시절에는 장애 이해 교육 같은 게 없었어요. 그때에 비하면 사회의 인권의식이 많이 성장했다는 방증이지만 그래도 아직 부족합니다.

4월 20일 '장애인의 날'이 오면 각 학교에선 가정으로 통신문을 보내고, 학생들을 대상으로 장애 이해 교육을 실시합니다. 여러 경로를 통해 보게 된 각 학교와 유치원 등의 가정통신문에서 저는 "장애인은 어려움을 겪는 사람들이니 우리가 도와야 한다"는 내용을 어렵지 않게 찾을 수 있었습니다.

장애인은 어려움을 겪는 사람들이 맞습니다. 감각의 어려움도

대상화되는 장애인

겪고, 말이 잘 안 되니 의사소통의 어려움도 겪고, 근육의 문제로 행동에 어려움을 겪기도 합니다. 우리와는 달리 여러 가지 개별적인 지원이 필요합니다. 하지만 그렇다고 해서 불쌍하거나 무조건적인 도움을 줘야 하는 존재는 아닙니다. 도움은 제도와 시스템, 전문 인력과 최첨단 기술로 지원하면 됩니다.

우리들이 할 일은 장애인을 불쌍히 여겨 돕는 게 아니라 장애가 있든 없든 함께 어우러져 사는 것입니다. 서로에게 적응해 살아갈 방법을 익히면 됩니다. 그것이 제대로 된 장애 이해 교육이고 그래야 진정한 사회 통합이 됩니다.

대상화가 위험한 이유는 장애인을 도와야 하는 사람으로 규정하는 순간 장애인에 대한 편견이 시작되기 때문입니다. '장애'라는 두 글자에 낙인이 찍히게 됩니다.

장애인을 불쌍한 존재로 바라보면 이런 일도 생깁니다. 일반 학급의 담임 선생님이 장애가 있는 학생을 위하는 마음에 툭 하면 반 전체 아이들이 함께하는 일에서 열외를 시킵니다.

누구는 자폐성 장애가 있으니까 청소 당번에서 제외하겠다고 반 학생들 앞에서 공언합니다. 교실 청소를 위한 1인 1과제를 선정할 때도 장애 학생은 배제합니다. 친구들이 청소할 때 장애가 있는 학생은 놀거나 한쪽에 앉아 휴식을 취하거나 멍하니 있곤 합니다.

선생님의 의도는 선합니다. 장애가 있는 학생을 배려하기 위한

다르지만 다르지 않습니다

행동입니다.

하지만 선의를 베풀고자 한 선생님 덕에 같은 반 친구들은 장애가 있는 친구와 자신 사이에 '장애'라는 벽이 놓여 있음을 알게 됩니다. 나와 너는 다른 존재, 나는 평범한 '보통의 사람'이고 너는 장애를 가진 '특별한 사람'이라는 인식이 생겨버립니다. 그렇게 학창 시절부터 무의식에 차곡차곡 입력되어갑니다. 장애인은 나와 다른 사람이라는 개념이 심어집니다.

그러다 보니 장애인과 옆자리에 나란히 앉아 있어도 마음의 거리감은 10미터를 훌쩍 넘겨버립니다. 나와는 다른 차원에 사는 사람이라고 생각하고 있으니까요.

이런 일은 일상다반사로 일어납니다. 제 딸은 2년째 태권도장을 열심히 다니고 있는 씩씩한 아가씨입니다. 관장님은 마음 씀씀이가 고운 분입니다. 장애가 있는 동생 때문에 많은 것을 양보하고 살아야 하는 딸을 위해 남다른 신경을 써주십니다.

제 딸이 도장에서 친구들에게 동생이 장애인이라는 얘기를 몇 번 한 적이 있나 봅니다. 관장님은 그 얘기를 듣고 놀라서 딸을 부릅니다. 앞으로는 친구들에게 동생이 장애인이라 하지 말고 그냥 아프다고 말하라 합니다. 그리고 친구들에게도 엄포를 놓습니다.

"수인이는 동생이 아파서 스트레스가 많으니까 너희들도 수인이는 건드리지 마!"라고 하십니다.

제 딸을 위해주는 마음이 고스란히 드러나는 고마운 관장님입니다. 혹시나 제 딸이 마음의 상처를 입을까 배려해주는 분입니다. 하지만 관장님의 행동은 선한 의도와는 반대의 결과를 가져오게 됩니다. 태권도장에 다니는 친구들에게 장애인과 그 가족은 '특별한 사람'이라며 제 딸과 친구들 사이에 보이지 않는 벽을 쳐버렸기 때문입니다. '장애'를 어떻게 바라보고 대해야 하는지 잘 몰랐기 때문에 의도와는 정반대의 결과가 나온 경우입니다.

장애가 '특별한 것'이 되어버리니 장애인이 사회의 일원으로 받아들여지는 데 힘이 듭니다. 장애인도 힘들지만 비장애인도 힘듭니다. 서로가 한 사회 안에서 자연스럽게 공존하기 위해 노력해야 하는데, 그보다 앞서 마음속에 세워진 벽을 허무는 데 큰 에너지를 쏟아야 합니다. 장애인이 '특별한 누군가'가 아닌 '나와 같은 너'라는 인식이 있으면 생략해도 될 과정입니다.

장애인은 장애가 있는 사람일 뿐이다

이쯤에서 저는 제가 아는 멋진 남성의 이야기를 해보려 합니다. 그는 빛나는 지성을 지닌 40대의 근사한 중년이며, 크림 커피가 기막히게 맛있는 연희동의 카페를 알고 있습니다. 이름은 김형수. 국가인권위원회 인권교육 전문위원이며 뇌병변을 가진 장애 당사자입니다. 전동 휠체어를 자유자재로 조작하는 능숙한 드라이버이자 30

년 넘게 목발을 사용한 목발의 달인이기도 합니다.

제가 그를 좋아하는 이유는 그가 멋진 장애인이기 때문입니다. 자신의 장애를 부끄러워하거나 감추려 하지 않습니다. 자신의 장애를 동정의 도구로 사용하지도 않고 그렇다고 과장해서 포장하지도 않습니다. 단지 장애가 있을 뿐 그 역시 우리와 똑같은 사람이라는 것을 자신의 존재를 통해 보여줍니다.

그는 말합니다.

"학생들이 어른들이나 장애 당사자에게 장애에 대해서 물어봤을 때, 그것을 마치 큰 실수인 양 제지하는 자체가 인권적으로 가장 큰 실수다. 장애와 장애인에게 가질 수 있는 긍정과 애정을 콤플렉스와 부정과 측은함으로 전환시키기 때문이다."

그러니까 이런 얘깁니다. 태권도장의 친구들이 제 딸에게 "네 동생은 장애인이야? 어떤 장애인인데?"라고 물어봤다고 가정해봅니다. 그때 제 딸은 동생의 장애에 대해 자기가 아는 선에서 설명해줄 겁니다.

"내 동생은 나이는 열 살이지만 마음속 나이는 두 살이야. 그래서 아직 말도 못하고 밥도 엄마가 먹여줘. 지적장애인이라 남들보다 느린 속도로 커나간대."

그럼 친구들은 어떤 반응을 보일까요? "와, 밥도 엄마가 먹여주는 바보다"라며 손가락질을 할까요? 아니면 "진짜 몸 나이랑 마음속 나이가 달라? 신기하다"라고 할까요?

제 경험상 후자가 월등히 많았습니다. 그렇게 장애가 일상에서 아무렇지도 않게 거론되기 시작하면 딸의 친구들은 제 아들을 만나도 특별한 거부감을 보이지 않습니다. 나이는 동갑이지만 장애가 있어서 마음속 나이가 천천히 들어가는 친구 동생으로 인식하게 되거든요.

반면 친구들이 질문했을 때 "쉿! 그런 얘기 물어보는 거 아니야"라며 급하게 제지했다고 가정해봅니다. 친구들은 장애에 대해, 장애인에 대해 어떤 인식을 갖게 될까요?

"아, 장애인이라는 말은 하면 안 되는 거구나. 뭔가 나쁜 것이구나. 뭔가 창피한 것이구나. 뭔가 숨겨야 하는 것이구나." 그렇게 받아들이지 않을까요?

맛있는 크림 커피 카페를 알고 있는 그의 이야기를 한 번 더 들어보겠습니다.

"사회적으로 돈과 권력을 가진 사람들이나 종교 지도자들이 잊을 만하면 하는 '장애인을 배려하는 말'이 장애 당사자들을 더 공분하게 만든다. 사회적 약자에 대한 차별이나 모욕을 배려심과 동정으로 은폐하면서 그런 것들을 널리 퍼뜨리고 사회적으로 교육시키기 때문이다."

저는 이 말을 듣고 물개 박수가 절로 나왔는데 여러분은 어떠세

다르지만 다르지 않습니다

요?

장애인을 돕고 살아야 한다는 오피니언 리더들의 연설에서 장애인 차별이 시작됩니다.

그들의 말을 통해 장애가 없는 비장애인은 상대적 권력을 가진 존재로 대상화되고, 장애인은 불쌍하고 도움을 받아야만 하는 존재로 대상화됩니다. 장애인과 비장애인이 동등한 인격체로 함께 살아가는 게 아니라 장애가 없는 이들이 측은지심을 갖고 장애가 있는 이들을 도와야 하는 분위기가 연출됩니다.

그러다 보니 이런 일이 발생합니다. 주변에 장애인이 나타나면 무조건 돕고 봐야 할 것 같은 의무감이 생깁니다. 목발을 짚은 장애인이 계단을 걸어 올라가면 묻지도 않고 손이 먼저 나갑니다. 뒤에서 등을 밀어주고 동성일 경우엔 엉덩이를 받쳐주기도 합니다. 남의 몸에 함부로 손을 대는 건 실례가 되는 일일뿐더러, 목발을 짚은 장애인은 자신만의 속도로 천천히 계단을 오르고 있는 중이었는데도 말입니다.

만일 제가 계단을 올라가는데 뚱뚱한 몸이 힘들어 보인다며 누군가 묻지도 않고 제 몸을 밀어대면 저는 불쾌할 것 같습니다. 제가 존중받는다는 느낌이 들지 않을뿐더러 타인에 의해 이리저리 만져지는 자체가 불쾌하기 때문입니다. 제 인격이 모독당한 느낌도 들 것 같습니다.

장애인을 장애인으로 대상화하지 말아야 하는 이유는 비단 장애인을 위해서만이 아닙니다. 우리들을 위해서도 필요한 일입니다. 왜냐면 우리가 장애인을 대상화하는 순간, 장애인도 스스로를 대상화함과 동시에 우리를 비장애인으로 대상화하기 때문입니다.

"나는 도움 받아야 하는 불쌍한 장애인이야. 비장애인인 너희는 나를 먼저 위해줘야 해. 양보는 언제나 너희들 몫이야. 나는 받기만 하면 돼. 왜냐고? 나는 장애가 있으니까!"

놀이공원에 갑니다. 어린이집에서 소풍 나온 5세 아이들이 두 줄로 손을 잡고 서 있는데 20대의 발달장애인 청년이 꼬마들을 제치고 먼저 놀이기구를 타러 들어갑니다. 자신이 장애인인 걸 아주 잘 인식하고 있는 그는 자신의 장애를 이용합니다. 복지카드를 꺼내 보이며 '장애인 우선탑승권'을 이용합니다.

그 청년은 그것이 당연하다고 생각할 것입니다. 아무리 '장애인 우선탑승권'이 있어도 줄 서 있는 어린 꼬마들에게 미안하다는 생각조차 못 하고 있을 가능성이 큽니다. 그의 잘못이 아닙니다. 아마도 그는 살아오는 동안 장애인 대우를 받으며 자랐을 것이기 때문입니다. 대부분의 경우 혐오하거나 때로는 동정해서 특별 취급을 해주는 장애인으로 말이죠. 나와 똑같은 한 명의 사람이 아니라.

마지막으로 맛있는 크림 커피 카페만이 아니라 더 맛있는 가지튀김 식당까지 알고 있는 그가 쓴 시를 덧붙일까 합니다. 그는 이 시를 통해 장애인 역시 비장애인과 똑같은 욕구를 지니고 있는 평범한 사람임을 강조합니다. 장애란 개인의 특성일 뿐이란 것을 얘기합니다.

이 시를 읽고 나면 여러분도 더 이상 장애인이 장애인으로만 보이지는 않을 것이라 생각합니다. 장애인은 장애가 있는 '사람'일 뿐입니다. '장애'라는 글자에 매몰돼 '사람'이라는 걸 잊지 않기를 바라봅니다.

후크 선장

_ 김형수

우리가 영화 피터팬을 볼 때, 그 속에서 우리는 후크 선장을 볼 수 있었다.
그는 애꾸눈에다 갈고리 손을 가지고 있는데 아무도 그를 장애인이라 부르지 않았다.
천사를 닮았고, 순진 순수하며, 우리의 죄를 모두 짊어진 장애인.
그는 그런 착한 장애인이 아니었다.
그는 욕심 많고 잔인하고 악하다.
그는 그의 장애를 숨기지도 않았다.
그는 장애인이라 팔자타령을 하지 않았다.

그는 나쁜 장애인이었다.

인간 승리를 하지도 않았고, 그를 보면 절대 도와주고 싶지 않다.

우리는 아무도 그를 장애인이라 부르지 않았다.

그는 그저 나쁜 '선장'일 뿐이었다.

모든 것을 스스로 결정하고 책임지는.

우리는 그렇게 나쁜 장애인이다.

우리는 그렇게 다르다.

우리는 그렇게 당당하다.

그 누가 우리 앞에서 감히 개성을 논하는가?

이제 다름을 넘어 당당함으로 우리의 삶을 이야기하리라.

다르지만 다르지 않습니다

장애인을
장애인이라
부르지 못하고

지난겨울에 있었던 일입니다. 장애인 자식이 있는 부모들의 지역 모임이 있었습니다. 겨울방학이라 아이들을 맡길 곳 없어 저는 쌍둥이를 모두 데리고 모임 장소에 갔습니다.

그곳에는 많은 부모들이 방학 중 갈 데 없는 아이들을 데리고 왔습니다. 부모들은 회의를 하고, 장애인 자식들은 그런 엄마들 사이를 돌아다녔으며, 비장애인 자식들은 그런 엄마와 장애인 형제자매를 바라보며 하품을 했습니다.

한쪽에 자리 잡고 간식을 먹던 딸이 저에게 와서 하소연합니다.

"엄마, 심심해."

"가서 친구들이랑 놀아. 다 비슷한 또래의 초등학생들이야."

"장애인이랑 뭘 하고 놀아?"

그 말을 듣는 순간 심장이 덜컹 내려앉았습니다. 장애 아이의 엄마들이 무리를 이루고 있는 이곳에서 장애인이랑 뭘 하고 노냐는 말을 하다니……. 내 딸의 장애 인권 감수성이 이것밖에 안 되는가? 내가 잘못 키웠던가? 놀란 심장도 잠시, 어찌어찌 그 상황을 넘깁니다.

시간이 지나면서 엄마들의 회의가 지루해진 아이들은 행동반경이 넓어집니다. 자폐가 있는 한 아이가 싱크대의 수도꼭지를 돌려 물을 틀고 장난을 치려고 합니다. 아이의 엄마가 쪼르르 달려가 수도꼭지를 잠급니다. 수도꼭지의 물을 트는 건 우리 아들도 늘 치는 장난이라서 저와 딸은 서로를 마주 보며 싱긋 웃습니다. 그러더니 딸이 말합니다.

"하하하, 누가 장애인 아니랄까 봐."

제 얼굴이 굳어집니다. 아까도 그러더니 지금 또! 도대체 얘가 내 딸이 맞는 거야? 자기 동생이 장애인인데 왜 자꾸 장애인 비하 발언을 하지?

회의가 끝나고 집으로 돌아오는 차 안에서 딸을 따끔하게 혼냅니다.

"장애인이랑 뭘 하고 노냐고? 왜? 장애인은 놀지도 못하는 사람들이야? 동환이가 놀 줄 모르던? 장애인이면 놀 줄도 모르는 것 같

다르지만 다르지 않습니다

아? 그리고 뭐? '장애인 아니랄까 봐?' 장애인이라서 물 트는 장난을 친다는 거야? 그런 장난은 누구라도 칠 수 있어. 왜 너는 장애인이라서 그렇다고 생각해? 오늘 네가 한 말들은 장애인을 무시하는 거야. 엄마가 그렇게 가르치던?"

머리끝까지 화가 난 저는 딸에게 다다다다 쏘아붙입니다. 딸은 잔뜩 침울해져서 눈이 빨개지더니 곧이어 눈물을 뚝뚝 흘리면서 말을 합니다.

"엄마가 장애인은 창피한 게 아니라며……."

이어지는 딸의 이야기가 놀랍습니다. 장애는 창피한 게 아니라고 했으면서 왜 장애인을 장애인이라 부르지 못하게 하냐고 합니다. 밖에서는 장애인이라는 말을 하면 안 되는 것이냐고 묻습니다. 그리고 장애인은 자신과 행동이 다를 수 있다고 하지 않았느냐 합니다. 그래서 장애인이랑은 어떤 놀이를 하면 좋은지 엄마한테 물어본 것인데 왜 화를 내느냐고 합니다. 물을 트는 아이도 동생이랑 똑같은 장난을 치니까 귀여워서 그런 건데 엄마는 자기 말을 듣지도 않고 화만 낸다고 합니다.

이제는 제가 반성할 차례입니다. 딸의 말이 맞습니다. 장애인이 대상화되는 걸 그토록 경계했으면서 정작 제 자신이 그곳에 모인 모든 장애인에게 장애인의 굴레를 씌워버린 것입니다.

딸에게 장애인이란 그냥 장애가 있는 '사람'일 뿐입니다. 하지만 당시의 제게 장애인이란 입 밖으로 말을 꺼내면 실례가 되는 부정적인 의미를 담은 장애인이었습니다. 장애인을 특별한 존재로 규정해 장애라는 단어를 말하는 것조차 민감하게 반응해버린 것이었지요.

누구의 장애 인권 감수성이 더 높았을까요? 네, 제 딸입니다. 저는 30년 넘게 장애인을 장애인으로만 바라보며 살다 최근 10년 동안 장애 아이를 키우며 장애에 대해 알아가기 시작했지만, 딸 입장에선 태어나면서부터 장애인 동생과 함께하는 일상이 당연한 것이었습니다. 그러다 보니 장애가 '특별한 것'이 되지 않았고, '장애인'이라는 말에 그 어떤 부정적인 의미도 담지 않게 되었습니다.

앞으로 우리가 지향해야 할 사회의 바람직한 모습을 딸에게서 봅니다. 장애인이 세상에 노출되는 게 중요한 이유를 딸에게서 봅니다. 장애인과 비장애인이 더 자주 만나고 접촉해 서로를 이해하고 알아가야 하는 이유를 딸에게서 봅니다.

그러한 사회로 나아가기 위해선 장애인을 장애인으로 부르는 것에서부터 서로가 편해질 수 있어야 합니다.

가치판단 없이 장애를 말하는 세상

'장애障碍'의 사전적 의미를 찾아봅니다. 신체 기관이 본래의 제 기능을 하지 못하거나 정신 능력에 결함이 있는 상태. '장애인'은 이러한 '장애'가 있는 사람. 즉, 장애인은 어떤 사람의 '현재 상태'를 지칭하는 말입니다. 의학적인 지원을 위해 사용되는 말이기도 합니다. 다시 말해 '장애인'이라는 단어에는 가치판단이 들어가 있지 않습니다.

하지만 우리 사회에선 장애인을 장애인이라 부르면 큰 실례라도 하는 듯한 분위기입니다. 단지 상태를 지칭하는 말이라면 "아이에게 장애가 있나 봐요"라며 누군가 말을 걸었을 때 "네, 지적장애가 있어요"라고 편하게 말할 수 있어야겠지요.

졸려서 하품하는 아이를 보며 "아이가 졸리나 봐요"라고 말을 건네도 그 말을 건넨 사람이나 들은 사람이 아무런 감정의 동요를 하지 않는 것처럼 말입니다.

유독 장애에 대해서 우리가 그러지 못하는 건, 이미 우리들에게 장애라는 말과 장애인이라는 말은 부정적인 가치판단을 포함하고 있기 때문입니다.

우리 사회에서 장애인은 때때로 다음의 말과 같은 의미로도 사용되고 있습니다. '애자', '정박아', '병신', '동네 바보 형'. 특히 '애자'라는 장애인 비하 발언은 제가 초등학교를 다니던 시절에도 들었던 말이었는데 요즘 학생들도 사용한다고 해서 크게 놀랐습니다. 이런 나쁜 말은 왜 사라지지도 않고 30년 넘게 그 생명력을 이어가고 있는 걸까요?

우리들이 사용했기 때문입니다. 우리들의 부모님이 사용했기 때문입니다. 할머니 할아버지가 사용하는 걸 들었기 때문입니다. 텔레비전과 영화, 라디오와 인터넷 방송에서 아직도 심심찮게 사용되고 있기 때문입니다.

'말'과 '단어'는 그것을 사용하는 주체가 있어야 생명력을 이어갑니다. 그 누구도 찾지 않게 되었을 때 '말'과 '단어'는 생명력을 잃고 역사 속으로 사라지지요. 제 바람 중에 하나는 '애자', '정박아', '병신', '동네 바보 형' 등과 같은 말이 역사 속으로 사라지는 것입니다.

제가 죽기 전에 그 모습을 볼 수 있다면 더는 바랄 게 없을 것 같아요. 그만큼 우리 사회의 장애 인권 감수성이 높아졌다는 방증이 될 테니까요.

이렇게 장애인이라는 말 자체에 부정적 가치판단이 들어가 있다 보니 비장애인 입장에서나 장애인 입장에서나 장애라는 말을 입에 담기가 껄끄럽습니다. 단지 현재 상태를 나타내는 말에 불과했던 장애는 '나쁜 것', '안 좋은 것'의 의미를 담게 됩니다. 그리고 기회가 있을 때는 공격의 도구로 사용되거나 욕으로 쓰이기도 합니다.

장애인을 장애인이라 부르는 게 껄끄러운 사회가 되어서는 안 됩니다. 장애인이 단지 어떤 사람의 현재 상태를 나타내는 말이길 바라봅니다.

장애에 대한 편견 없는 세상에서 살고 싶다면 그것이 내게 있는 장애든, 내 자식에게 있는 장애든, 내 친구에게 있는 장애든 누구나 당당히 말하고 일상적으로 거론될 수 있어야 한다고 생각합니다.

다르지만 다르지 않습니다

"네 아들은 팔에 큰 점이 있구나? 내 아들은 발달장애가 있어."

이런 이야기가 편하게 오고 갈 수 있어야 합니다. 장애를 쉬쉬하며 말해선 안 되는 분위기가 아니라 누구라도 쉽게 얘기하고 장애인을 그 자체로 받아들일 수 있는 분위기가 조성되어야 합니다.

'장애'라는 단어를 가치판단 없이 순수하게 말할 수 있는 세상, 그래서 장애인이라는 말을 들어도 민감하게 반응하지 않을 수 있는 세상, 그런 세상이 제가 바라는 세상입니다.

장애인을
자주 볼 수만
있었어도

최근 지인이 겪었던 일입니다. 지인의 허락을 받고 에피소드를 소개
합니다. 지인의 아들은 지적장애 1급의 고등학생입니다. 지금부터
청년의 이름을 철수로 지칭해 부르기로 합니다. 보편성을 띠기 위해
철수와 영희의 그 철수를 소환했음을 알립니다.

장애등급은 1급이 가장 중한 상태를 나타내고 뒤로 갈수록 경한
상태를 나타냅니다. 철수는 말을 능숙하게 하지 못합니다. 많은 발
달장애인이 그러하듯 발화언어 능력보다 수용언어 능력이 더 잘 발
달돼 있습니다. 대화를 알아듣고 단답형이나 짧은 문장으로 대답을
합니다. 철수는 학교가 끝나면 태권도장에 들렀다 공원에 가서 산

책을 한 뒤 집에 옵니다. 집에 와선 한글 학습지로 열심히 글씨 쓰기 연습을 하고 혼자서 요리에도 도전해봅니다.

비록 말을 유창하게 하지 못하고 한글도 능숙하게 쓰진 못하지만 세상에 적응해 살아나가기 위한 그의 도전은 이어집니다. 스마트폰의 도움을 받아 처음 가는 낯선 곳도 지하철을 타고 혼자서 찾아갑니다. 지하철과 버스부터 시작했다가 지금은 기차도 타고 이대로 가면 얼마 안 가 비행기도 탈 기세입니다.

아직 어린 아들을 키우는 저는 철수의 모습을 보며 육아 방향을 잡곤 합니다. 발달장애인의 인지능력과 사회 속에서 살아나가는 생활 능력은 엄연히 다르다는 것을 철수를 통해 보고 배웁니다.

철수가 1급의 중증 장애에도 불구하고 부지런히 전국을 돌아다니는 멋진 청년이 된 데는 철수 아빠의 가치관이 크게 작용했습니다. 장애가 없는 10대 자식도 혼자서 먼 곳에 놀러가겠다 하면 일단 걱정부터 하고 반대하는 게 부모 마음인데 장애인 자식은 어떨까요? 장애인 자식을 세상에 내어놓는 건 부모의 용기가 있어야 가능한 일입니다.

철수와 제 아들 같은 발달장애인은 오히려 발달장애가 있기 때문에 더더욱 세상을 경험해야 합니다. 보통의 우리들이 몇 번이면 배울 수 있는 것들을 발달장애가 있는 이들은 수십, 수백 번의 반복 학습을 통해 배워야 하는 경우가 많거든요.

오늘도 철수의 세상 배우기 프로젝트는 이어지고 그 과정에서 크고 작은 일들이 일어나지만, 그럼에도 불구하고 철수 부자는 꿋꿋하게 자신들의 일상을 살아갑니다.

오해를 받고 세상에 대한 두려움을 느껴버린 발달장애인

그러던 어느 날입니다. 매일의 일과대로 태권도장에 갔다가 공원을 들러 집에 돌아왔어야 할 철수가 집에 도착하질 않습니다. 그리고 경찰서에서 전화가 걸려옵니다.

사연인즉 이렇습니다. 유난히 폭염이 내리쬐던 올여름, 태권도를 마치고 집으로 가기 위해 공원을 걷던 철수는 팬티가 불편합니다. 집에서 늘 그랬듯 바지 속에 손을 넣어 땀에 젖고 불편하게 끼어 있는 속옷을 정리합니다. 그때 비명소리가 들립니다. "끼약!" 딸을 데리고 산책 나온 중년 부인의 비명입니다. 어떤 남자가 자신의 딸을 쳐다보며 이상한 짓을 했다고 생각합니다.

자신을 보며 비명을 지르는 중년 부인을 보고 철수는 당황하고 긴장해버립니다. 왜 중년 부인이 화가 났는지 상황 파악이 되지 않습니다. 늘 가던 길을 따라 빠른 걸음으로 총총총 걸어갑니다. 그런데 중년 부인이 소리를 지르면서 따라옵니다. 평소에도 말을 능숙하게 하지 못하는 철수는 그 상황이 무서워서 그대로 굳어버립니다. 중년 부인 입장에서 보면 바지 속에 손을 넣었던 변태 남자가 아무

말도 않고 있으니 더 화가 납니다. 112에 전화해 경찰을 부르고 철수는 지구대로 연행돼 갑니다.

결론부터 말하면 이날 중년 부인은 신고를 철회했습니다. 철수가 지적장애인인 걸 알고 나서 오해를 풀었던 것입니다. 물론 발달장애인이라고 성적 욕구가 없는 건 아닙니다. 하지만 이날 철수의 행동은 성기를 만지려던 게 아니라 땀에 젖은 속옷을 정리하려던 것이었고, 조력자들(태권도장 관장, 학습지 교사, 누나)이 경찰서에 와서 철수가 왜 그랬는지에 대한 설명을 그에게 이끌어낸 뒤에야 비로소 오해가 풀리고 사건이 해결될 수 있었습니다.

문제는 이 사건이 일어난 다음입니다. 철수는 겁에 질렸습니다. 세상이 무섭습니다. 스무 살을 코앞에 두고 있는 청년이지만 모두가 알다시피 발달장애인의 시간은 천천히 흐릅니다. 그날 저녁 철수는 밤늦게 아빠가 퇴근한 것을 보고 나서야 잠이 듭니다. 그날부터 부쩍 아빠를 찾습니다. 다음 날부턴 공원에 가려고도 하지 않습니다. 무섭다고만 합니다.

이 모습을 보고 있는 철수 아빠는 속이 터집니다. 이런 일은 앞으로도 수시로 일어날 것입니다. 이 한 번의 사건으로 공원을 못 가게 되면 앞으로는 점점 더 못 가는 곳이 늘어날지도 모릅니다. 달래기도 하고, 화를 내기도 하며, 다시 공원을 산책하도록 유도합니다. 무서운 세상과 정면 대결을 하도록 유도합니다. 그래야 발달장애인이 세상에 겁먹지 않고 그 속에서 살아갈 수 있을 테니까요.

이 얘기를 듣고 저는 많이 슬펐습니다. 어쩌면 제 아들이 겪을 수도 있는 일을 철수가 먼저 겪었기 때문입니다. 장애가 없는 우리들에겐 공공장소에서 땀에 젖은 속옷을 정리하지 않는 게 당연한 일입니다. "공원에서 속옷을 정리하면 안 돼"라고 대놓고 배운 적은 없지만 그러지 않아야 한다는 걸 잘 압니다. 우리들은 사회적인 관계의 맥락을 파악할 줄 알고, 창피한 일과 창피하지 않은 일을 어릴 때부터 스스로 알아챌 수 있는 인지능력을 갖고 있습니다.

하지만 상대적으로 인지가 낮고 사회적 관계의 맥락을 파악하는 게 서툰 발달장애인에겐 이런 것도 일일이 배워야 하는 항목입니다. 어디에서 배우냐고요? 세상 속에서요. 경험하면서 겪으면서 배워야 합니다.

다행히 이 사건은 전후 사정을 알게 된 중년 부인이 신고를 철회하면서 큰 사건으로 확대되지 않았습니다. 하지만 이날 자신에게 화를 내던 중년 부인과 강압적인 태도로 철수를 연행하고 조서 작성을 위해 대답을 촉구하던 경찰 아저씨로 인해 그는 세상에 대한 두려움을 갖게 되었습니다. 제가 안타까운 게 바로 이 부분입니다.

저를 비롯해 발달장애 아이를 키우는 부모들은 이제 거리에서 스쳐 지나기만 해도 누가 자폐가 있는지, 지적장애가 있는지, ADHD 성향이 있는지 척하면 척하고 눈에 보입니다. 일상에서 발달장애인을 자주 접하며 그들에 대한 이해도가 높아졌기 때문입니다. 심지어 아직 초등학교 3학년에 불과한 제 딸조차 타인의 장애를 민감하게 알아챕니다.

만약 중년 부인과 경찰 아저씨도 그랬다면 어땠을까요? 거리에서, 마트에서, 백화점에서, 목욕탕에서, 도서관에서, 식당에서, 극장에서 평소 발달장애인을 자주 접하며 그들을 보다 잘 이해하고 있었다면 어땠을까요?

척하면 척 보이는 경지까지는 아니더라도, 가만히 오래 바라보면 "아!" 하고 그의 장애를 알아챌 수 있을 만큼의 이해도를 가졌다면 어땠을까요?

제 아들처럼 상동행동이 심하고 척 봐도 발달장애인인 게 티가나는 경우도 있지만 얼핏 겉만 봐서는 장애 여부를 알아챌 수 없는 철수 같은 이들도 많이 있습니다. 하지만 그런 경우조차 발달장애에대한 이해가 있으면 얼마 지나지 않아 곧바로 그들의 장애 여부를 알 수가 있습니다.

우리가 그동안 너무 서로에게서 떨어져 지냈기 때문에, 장애인과 비장애인이 공존하기보다는 서로에게서 격리되는 방향성을 띠고 살아왔기 때문에 우리는 서로를 잘 모릅니다. 장애인은 비장애인과의 사회적 소통에 서툴고, 비장애인은 장애인의 행동 방식을 이해하지 못합니다.

그러다 보니 중년 부인은 철수를 20대의 변태 남자로만 보았고, 경찰 아저씨는 말수가 적은 성범죄자로만 보았습니다. 격한 반응으로 일관하며 철수를 다그쳤고, 그 과정에서 자신을 보호하는 방법을 모르는 철수는 세상에 대한 두려움을 느껴버렸습니다.

이 사건에서도 알 수 있듯이 우리가 발달장애에 대한 이해도를 높여야만 더 많은 발달장애인이 세상 속으로 나와 사회를 경험하며 세상을 배울 수 있는 기회를 제공받을 수 있습니다.

발달장애인은 세상 속에서 수많은 반복 경험을 해야 한다

우리는 나이가 들면서 자연스럽게 익히는 많은 것들을 발달장애인은 일일이 배워야 하곤 합니다. 그것도 한두 번이 아니라 수십, 수백 번의 반복 학습이 필요합니다.

여러분의 이해를 돕기 위해 잠깐 제 아들을 소환해봅니다. 학습과 배움이라는 면에서 장애가 없는 우리와 어떻게 다른 양상을 보이는지 이해를 돕기 위함입니다.

주변에서 아장아장 걷는 작은 아기들을 본 적이 있지요? 보고 있으면 웃음이 납니다. 아직 잘 걷지도 못하면서 작고 통통한 손가락에 포크를 쥐고 그릇에 담겨 있는 딸기를 먹으려고 합니다. 본능적으로 포크질을 합니다. 한 번, 두 번, 세 번, 콕콕 찌르기를 계속하다 도전에 성공합니다. 의기양양한 표정으로 작은 입이 미어져라 야무지게 딸기를 밀어 넣습니다.

그런데 올해로 열 살이 된 제 아들은요, 눈앞의 딸기를 포크로 집는 법을 반복적으로 가르쳐야 합니다. 포크란 이렇게 똑바로 세워서 뾰족한 끝으로, 각도는 위에서 밑으로 찌르는 것이라는 걸 일일이 가르쳐야 합니다. 그렇지 않고 그냥 놔두면 포크를 비틀어서 딸기에 갖다 대던지 포크를 뒤집은 상태로 딸기를 떠먹으려 합니다. 당연히 포크로 딸기를 콕 찍을 수 없으니 먹지도 못합니다. 몇 번 시도하다 안 되면 그냥 손으로 집어 먹어버리기 일쑤입니다.

장난감도 마찬가지예요. 자동차 장난감을 예로 들어봅니다. 아이들이 어릴 때 장난감을 사주면 딸은 보자마자 자동차를 땅에 굴리며 놀이에 열중했습니다. "자동차는 이렇게 바퀴를 굴려서 앞으로 가는 거야"라는 설명을 해준 적이 없었지만 스스로 알고 있더군요.

텔레비전에서 자동차를 보기도 했을 테고, 아빠 차를 타고 양가 할머니 집에 가본 경험도 있고, 그러면서 거리의 자동차를 구경하기도 했기 때문에 자연스럽게 장난감 자동차를 갖고 노는 법을 아는 겁니다.

하지만 쌍둥이인 아들에게 자동차를 주면 어떻게 갖고 놀아야 하는지를 몰랐습니다. 바퀴가 하늘을 향하게 뒤집어 놓고 굴러가라며 자동차를 툭 쳐봅니다. 당연히 안 굴러가죠. 그러면 저는 자동차란 바퀴가 바닥을 향해 있어야 한다는 걸 일일이 가르쳐가며 놀이를 시키곤 했습니다. 쌍둥이인 딸과 아들의 경우를 비교하니, 발달장애로 인한 학습의 차이가 어떤 식으로 다른지 확연히 드러나죠?

위의 사례들은 유독 발달이 느린 제 아들의 경우이기도 하지만 대체적으로 발달장애인은 이렇듯 우리들이 당연하게 배우고 알게 되는 많은 것들을 일일이 경험해가면서 배워야 하곤 합니다. 발달장애가 있을수록 더 많이 세상에 노출되어 풍부한 경험을 쌓아가야 하는 이유지요.

하지만 현실은 어떨까요? 우리는 앞서 '왜 거리에 장애인이 보이지 않을까'라고 질문을 던져보았습니다. 세상으로부터 숨어버리는 발달장애인과 그 가족들이 있다는 현실에 대해서도 알게 되었습니다.

발달장애인이 세상을 경험하고 세상으로부터 배우지 못하면 어떤 일들이 벌어질까요?

우리는 마흔 살이 되어서도 극장에서 앉았다 일어났다를 반복하는 발달장애인과 함께 애니메이션을 봐야 할지 모릅니다. 극장에선 조용히 앉아서 관람해야 한다는 걸 반복 경험을 통해 배우지 못한 장애인이기 때문입니다.

열일곱 살의 발달장애인이 식당에서 옆자리 손님의 밥상에 손을 뻗는 모습을 봐야 할지도 모릅니다. 식당에 가서 외식을 한 경험이 적기 때문에 내 밥상과 옆자리 손님의 밥상에 대한 경계를 잘 모르고 있을 겁니다.

다르지만 다르지 않습니다

세상에 노출되어 수많은 반복 경험을 통해 배워야만 발달장애인이 사회를, 사회의 규범을, 사회 속에서의 관계를 배울 수 있습니다.

　그들이 세상 밖으로 나오기 위해선 우리들의 작은 관심과 노력이 필요합니다. 어떤 노력이냐고요? 시선을 잠시 거둬주고 관심을 보이지 않는 것으로 오히려 관심을 보여주는 작은 배려, 사소한 실수는 너그럽게 눈감아주며 세상을 배울 수 있게 응원해주는 작은 여유, 그런 것들이 필요하답니다.

서로에게 익숙한
풍경이 되도록

앞서 철수의 사례에서도 볼 수 있듯이 장애인과 비장애인은 아직까지 서로가 낯섭니다. 장애인은 비장애인 간의 사회적 관계나 규범 등이 낯설고, 비장애인은 장애인의 낯선 행동과 소통 방식이 생소합니다. 우리가 서로를 이해하며 공존하기 위해선 서로를 자주 접하는 것밖에 방법이 없습니다. 서로가 서로에게 노출되어야 하는 것입니다.

며칠 전 일입니다. 인천에 볼 일이 있었습니다. 평일 같으면 아이들이 학교 갈 시간에 혼자 다녀왔을 테지만 주말이라 온 가족이 함께 움직이기로 했습니다.

남편과 저는 차를 가져가는 대신 또다시 지하철 여행을 하기로

다르지만 다르지 않습니다

합니다. 두 번을 갈아타야 하지만 차로 이동하는 것보다 이동 시간을 30분 이상 줄일 수 있기 때문입니다. 무엇보다 아들이 지하철에 더 익숙해져야 할 필요도 있었고요.

갈 때 세 번, 올 때 세 번, 총 여섯 번 지하철에 몸을 실어야 합니다. 전보다 지하철이 익숙해진 아들은 다섯 번째까진 '지하철 예절'을 지킵니다. 자리에 얌전히 앉아서 갑니다. 그런데 마지막 지하철에서 일이 발생합니다. 아들은 이제 앉아서 하는 지하철 여행이 지겹습니다. 마침 사람도 많지 않아서 지하철 통로도 텅 비어 있습니다. 눈앞에 깔린 레드카펫처럼 텅 비어 있는 통로를 보자 아들의 질주 본능이 깨어납니다.

흔들리는 지하철의 진동을 느끼며, 앞으로 향하는 지하철의 운동 방향에 저항하며, 이쪽 끝에서 저쪽 끝까지 왔다 갔다 하는 즐거움을 느끼고 싶어 합니다.

순간 저는 갈등합니다. 지하철 예절을 지키기 위해 돌아다니고 싶어 하는 아이를 강제로 제어하고 자리에 앉힐 것이냐, 아니면 공격적인 행동을 하는 것도 아니니 한산한 지하철에서 이리저리 돌아다니는 정도는 허용할 것이냐, 햄릿의 고민보다 더한 고민이 몇 초간 이어집니다.

허용하기로 결정합니다. 이미 놀고 싶은 텅 빈 통로에 꽂혀버린 아이를 억지로 착석시켰을 경우 작년 지하철 안에서와 같은 분노발

작이 일어나 실내를 온통 울음바다로 만들 가능성이 컸습니다. 20분 정도 지하철을 타야 하는데 그 시간 내내 열 살 아이의 울음과 고성을 들으며 가야 한다면 그것이야말로 모두에게 미안해질 일이라는 판단에 따른 것입니다.

또 한편에선 이런 생각도 들었습니다.

'여러분 발달장애 어린이 자세히 본 적 없지요? 오늘 한번 제대로 보세요. 그렇게 실컷 보고 나서 익숙해져 봐요. 이 아이에게. 처음에는 낯설어도 익숙해지고 나면 그때부턴 더 이상 이 아이의 행동이 이상하게 느껴지지 않을 거예요.'

아들이 시동을 걸기 시작합니다. 미세하게 흔들리는 지하철에서 중심을 잡으며 이쪽 끝에서 저쪽 끝으로 걷듯이 뛰기 시작합니다. 물론 아들 혼자 돌아다니게 방치하지는 않습니다. 느린 뜀으로 뛰어가는 아들의 뒤엔 빠른 걸음으로 졸졸 따라다니는 제가 있습니다. 저는 아들 뒤를 따라다니는 것으로 모두에게 무언의 메시지를 전합니다.

'걱정 마세요. 만약 아들이 돌발 행동을 하면 그 즉시 엄마인 제가 바로 뒤에서 개입할 거예요'라는 뜻을 행동으로 전합니다. 아들 뒤를 종종종종 따라 걸으며 팔자에 없는 운동을 시작합니다.

처음에는 모두의 시선이 쏠립니다. 척 봐도 발달장애인으로 보이는 아이가 "우어 우어" 하며 이리 갔다 저리 갔다 하고 있으니 눈이 절로 갑니다. 뛰다가, 걷다가, 기분이 좋아서 웃기도 했다가, "우어 우어"라며 알아듣지 못할 말도 했다가, 다시 또 뛰다가, 걷다가 합니다. 이쪽 끝에서 저쪽 끝까지 눈을 떼지 않고 아들에게 노골적인 시선을 보내는 이도 있습니다.

그렇게 10분 정도가 지났습니다. 어떤 일이 벌어졌을까요? 지하철 안의 모든 사람들이 아들에게 주었던 시선을 거뒀습니다. 고개 숙이고 핸드폰을 들여다보고 있는 사람들의 모습이 지하철 안의 당연한 풍경이듯, 이쪽 끝에서 저쪽 끝까지 왔다 갔다 하는 아들도 지하철 안의 자연스러운 풍경이 되어버렸거든요. 차량 내 사람들이 아들에게 익숙해져 버렸거든요. 익숙해지고 나자 아들이 그 자체로 받아들여져 버렸거든요.

먼저 세상에 노출되어야 한다

비슷한 경험이 또 있습니다. 이번은 집 근처 놀이터입니다. 처음엔 놀이터에 나가면 모두의 시선이 쏠리곤 했습니다. 워낙 장애인 티를 팍팍 내며(직진하며 뛰는 동시에 머리를 좌우 양옆으로 흔들며 "아갸갸갸"라고 외치기) 놀이터 전체를 활보하고 다녔기에 모두에게 아들의 존재가 낯설었던 것입니다.

아이들은 물론 보호자들도 아들을 노골적으로 바라보기 일쑤였습니다. 아들이 다가가면 몸을 피하는 이들도 여럿이었습니다. 할머니들은 대놓고 애가 왜 이러냐며 묻기도 했습니다. 그런데 지금은 어떨까요? 집 앞 놀이터에서 아들의 존재는 당연한 하나의 풍경이 되어버렸습니다.

바로 며칠 전 일입니다. 중년의 엄마와 중학생으로 보이는 딸이 놀이터 한쪽에서 배드민턴을 치고 있었습니다. 아들 눈에 배드민턴이 재미있어 보입니다. 공이 왔다 갔다 하며 포물선을 그리는데, 그것이 공중에 떠 있는 동그란 무지개처럼 보였나 봅니다. 포물선 아래를 왔다 갔다 하며 재밌어서 어쩔 줄을 몰라 합니다.

모녀의 반응은 덤덤합니다. 자주 봤던 발달장애 아이였기 때문에 포물선 아래를 왔다 갔다 해도 개의치 않습니다. 배드민턴을 칠 때 나비가 날아갔다고 해서 배드민턴을 멈추지 않듯 아들이 모녀 사이를 왔다 갔다 해도 그들은 배드민턴에 열중합니다.

열 걸음 정도 떨어진 곳에서 그 모습을 바라보는데 문득 감동이 밀려옵니다. 아들이 놀이터 안의 자연스러운 풍경으로 녹아들어 있었기 때문입니다.

놀이터 안의 사람들이, 배드민턴을 치는 모녀가 아들의 낯선 행동을 그 자체로 이해하고 받아들이고 나자 더 이상 아들은 혼자서 튀는 낯선 존재가 아니게 되었습니다. 그냥 그렇게 그들은 서로 다른 모습으로 놀이터 안에서 공존하고 있었습니다. 제가 그토록 원하고 바라는 모습을 놀이터 안에서 보게 된 것이었습니다.

다르지만 다르지 않습니다

저는 제 아들이 이 사회 안에서 당연히 볼 수 있는 풍경 중의 하나가 되기를 소망합니다.

길을 걸으면서 큰 소리로 전화하는 아저씨가, 농구공을 들고 가는 남학생 무리가, 교복 치마를 짧게 올린 여학생 무리가, 어린아이의 손을 잡고 가는 아이 엄마의 모습이, 느릿느릿 걸어가는 할아버지의 모습이 길거리 풍경의 하나이듯 깡충깡충 뛰어대는 발달장애인이, "우어 우어"라고 말을 하는 발달장애인이, 자신의 머리를 때리며 무슨 말인가를 중얼대는 발달장애인이 거리에서 볼 수 있는 당연한 풍경의 하나가 될 수 있기를 소망합니다.

그러기 위해선 노출되어야 합니다. 발달장애인이 먼저 자신의 존재를 세상 속에 노출시켜야 하고, 세상은 그들을 포용함으로써 "장애가 있어도 괜찮아"라는 마음의 안정감을 장애 당사자와 가족들이 느낄 수 있어야 합니다. 그래야 그들이 '장애도' 안으로 숨어버리지 않고 자꾸 세상 밖으로 나오게 됩니다.

장애인들이 자꾸 모습을 드러내야 비장애인들도 그들에게 익숙해집니다. '장애'가 낯설지 않은 것이 됩니다. 풍경이 되고야 마는 것입니다.

'사람'보다
'장애'가 앞에 서면

장애 학생의 인권을 침해하는 보조의자

여러분 혹시 보조의자라고 들어보셨나요? 저도 정확한 명칭은 잘 모르겠습니다. 하지만 '보조의자'라 불리는 장애인 인권침해의 도구가 2018년의 대한민국에서 당당히 사용되고 있다는 사실을 알리고자 합니다.

장애가 있는 아이를 서울의 한 특수학교에 보내고 있는 어느 엄마의 이야기입니다. 그 엄마의 뜻을 존중해 학교의 이름과 아이의 신상에 대해서는 함구하도록 하겠습니다.

그 엄마의 아이는 장애 정도가 중한 편입니다. 장애 정도가 중하다는 건 그만큼 지도교사의 손이 많이 간다는 뜻이기도 합니다. 어느 날 그 엄마는 담임으로부터 한 통의 전화를 받게 됩니다. 아이에 관한 이런저런 이야기를 나누던 중 담임이 엄마에게 보조의자를 사용해도 될지 허락을 구합니다.

엄마는 보조의자가 뭔지 모릅니다. 담임에게 물어보니 의자에 안전벨트 같은 게 매어져 있어서 아이를 결박해놓을 수 있는 물건이라고 합니다. 쉬는 시간이나 점심시간 등 다른 장애 아이들을 화장실에 데려가거나 양치질을 시켜야 할 때 교실에 얌전히 앉아 있지 못하는 아이를 안전하게 지키기 위해 보조의자를 사용해도 되겠냐고 물어온 겁니다.

얼핏 들으면 아이를 위한 일 같습니다. 쉬는 시간에 담임이 없는 상태에서 무슨 사고라도 일어날까 불안해 보조의자를 사용하겠다고 하니 아이의 안전을 지켜주기 위한 도구인 것만 같습니다. 하지만 그 엄마는 보조의자에 대한 설명을 들을수록 도무지 상황이 이해가 가질 않습니다.

특수학교는 한 반에 여섯 명의 아이들이 생활합니다. 담임 한 명에 실무사나 사회복무요원이 배치돼 보조교사 역할을 합니다. 학생 여섯 명에 어른 두 명이 한 반을 구성하고 있는 것입니다.

만약 담임이 여자아이들을 화장실에 데려가면 그때 남자아이들은 교실에 있습니다. 교실엔 남은 아이들을 지키는 실무사나 사회복무요원이 있을 것입니다. 반대의 경우도 마찬가지겠죠.

장애가 있는 아이들끼리만 내버려두는 일은 있을 수도 없고 있어서도 안 됩니다. 언제 누군가가 학교 밖으로 나가버릴지도 모르고, 그럴 경우 의사소통이 잘 되지 않는 아이들은 미아가 되어버릴 가능성이 높기 때문에 늘 아이들을 지켜보는 어른의 눈길이 필요합니다.

이렇듯 특수학교의 특수성을 고려해 담임과 보조교사의 2인 수업 체제가 갖춰져 있음에도 불구하고, 특수학교에서 장애 아이의 안전을 보장하기 위해 몸을 결박할 보조의자를 사용하겠다고 하는 것입니다.

놀란 반응을 보이자 엄마를 안심시키기 위해 담임이 설명을 이어갑니다. 해당 아이에게만 사용하는 게 아니라 이미 전교에서 다섯 명의 아이들이 부모의 허락하에 보조의자를 사용하고 있다고 말합니다. 어떤 이유에서든 아이를 묶어두는 건 인권침해의 소지가 있기 때문에 학교에서 일방적으로 사용하지는 않고 부모의 허락을 받은 다음에 사용한다고 합니다.

그 엄마는 거절합니다. 학생의 안전은 인력의 지원으로 보장되어야 하는 것이지, 신체를 못 움직이게 결박해놓는 것으로 지키려 하는 건 말이 안 된다고 판단했기 때문입니다.

다음 날 엄마는 학교의 교장 선생님을 찾아갔다고 합니다. 그곳

다르지만 다르지 않습니다

에서 보조의자 사용 건을 언급하자 그런 일은 없는 것으로 안다며 어영부영 회피하는 교장 선생님의 모습을 보게 됩니다. 보조의자를 사용하는 교사가 있으니 학교 물품 구매 기록에 보조의자 구입 내역이 그대로 남아 있을 것이고 그것을 승인한 최종 결재자는 자신이었을 텐데도 교장 선생님은 현장에서 일어나는 일이라 잘 모른다는 듯 행동합니다. 교사들에게 주의를 주겠다는 답변을 합니다. 일이 커지기를 바라지 않았던 엄마는 보조의자 사용 중지를 요구하는 선에서 일을 마무리 짓고 싶어 합니다.

제 아들도 특수학교에 다니고 있습니다. 1학년 때는 특수학급이 있는 일반 초등학교에 입학했지만 이런저런 일을 겪으며 2학년 때 특수학교로 전학을 가게 되었습니다. 특수학교에 아들을 보내고 있는 저는 보조의자의 존재를 알고 나서부터 가슴이 벌렁벌렁합니다.

보조의자를 사용한다는 게 어떤 의미인가요? 아이를 쉽게 제압하기 위해 의자에 묶어두겠다는 얘기입니다. 만일 특수학교가 아닌 일반 학교에서 일반 학생들을 대상으로 보조의자를 사용한다는 얘기가 들렸다면 사람들은 어떤 반응을 보였을까요?

대번에 들고 일어났을 것입니다. 까부는 여학생이나 장난치기 좋아하는 남학생을 쉬는 시간에 얌전히 있으라고 보조의자에 결박해놓는다고 생각해보세요. 아이 자신을 지키기 위해서라는 명목으로 말입니다. 학부모회는 물론 언론까지 들고 일어나 인권에 대한 문제를 제기했을 사안입니다.

저는 이 보조의자 건을 처음 알게 되었을 때 해당 특수학교의 특수성이려니 생각했습니다. 아니, 그러기를 바랐습니다. 그래서 특수학교의 보조의자 사용 실태를 크게 이슈화할 생각은 하지 않았습니다. 무엇보다 해당 엄마가 교장 선생님을 만나 보조의자 사용을 중단하겠다는 약속을 받아냈다고 하니 그 학교 내부의 일로 잘 처리되기를 바랐습니다.

그런데 그 학교의 특수성이었기를 바라는 제 기대가 산산이 깨어지는 사건이 발생합니다. 저는 종종 교사들을 대상으로 강연을 나가곤 하는데 KTX를 타고 멀리까지 내려간 지방에서 보조의자를 현재 사용하고 있는 특수학교의 특수교사를 만나게 됩니다.

깜짝 놀란 제가 장애 학생들의 인권을 위해 보조의자를 사용하면 안 된다고 하자 해당 교사가 말을 합니다. "보조의자를 사용하지 않으면 학생들을 잘 볼 수가 없어요."

일반 학교 안에 있는 특수학급에서는 아이들이 매 교시에 번갈아 가며 내려오기 때문에 특수교사가 학생들을 통제할 수 있는 여력이 있지만, 등교해서 하교할 때까지 여섯 명의 장애 학생과 매 순간을 함께해야 하는 특수학교에서는 보조의자를 사용해야만 제대로 반을 통제할 수 있다는 논리였습니다.

다시 한번 짚고 넘어갑니다. 보조의자를 일반 학교에서 일반 학

다르지만 다르지 않습니다

생들에게 사용한다고 가정해봅니다. 교사의 말을 잘 안 듣는 학생이 있으면 쉬는 시간에 의자에 묶어둔다고 생각해봅니다. 여러분이 부모라면 이런 상황을 허용하시겠어요?

"네, 선생님. 제 아이가 말을 좀 안 듣죠? 그럴 때면 얼마든지 묶어두세요. 걔는 결박당해도 싸요." 이렇게 반응할 부모가 있을까요? 아니, 그런 제안을 학부모에게 당당히 건넬 교사가 있기나 할까요?

그럼 다시 한번 묻습니다. 그 학생에게 장애가 있다면요? 장애가 있는 학생은 장애가 있기 때문에 보조의자에 묶여도 될까요? 왜 교사들마저 문제의식을 갖지 못하고 자신들의 편의를 위해 보조의자를 사용하는 것에 대해 그 어떤 문제의식도 느끼지 못하고 있는 걸까요? 왜 장애 학생에겐 보조의자를 사용하는 게 대수롭지 않은 일이 되는 걸까요?

바로 이 지점입니다. 장애인에 대한 대상화가 이렇게 시작됩니다. 어떤 게 대상화인지 아닌지 잘 모르겠으면 '장애'라는 두 글자를 빼고 생각해보면 됩니다. 장애가 없었으면 하지 않았을 행동이나 태도를 내가 보이고 있을 때, 그 지점에서부터 장애인에 대한 대상화가, 장애인에 대한 차별이 시작됩니다.

비록 일부 특수학교에 지나지 않는다 하더라도 아직도 공공연히 보조의자가 사용되고 있다는 건 학교 현장에서조차 장애인이 장애인으로 대상화되고 있다는 뜻입니다. 장애가 있는 학생들을 존중받아 마땅한 인권을 지닌 나와 똑같은 사람이 아니라, 문제 행동을 억제해야 하는 장애인으로만 취급하고 있다는 뜻입니다.

주목할 만한 사실은 특수학교가 아닌 일반 학교에 재직하는 특수교사 중에는 아예 보조의자의 존재조차 모르는 경우가 많았다는 것입니다. 일반 학교에서는 전교생 모두가 돌아다니는 CCTV입니다. 복도를 오가다 어느 교실에서 장애 학생이 의자에 묶여 있는 걸 보게 되면 학교 전체에 소문이 퍼지는 건 순식간입니다. 보는 눈이 있으니 보조의자를 사용할 엄두조차 내지 않습니다. 보조의자가 인권침해의 도구라는 걸 학교 내에서도 인식하고 있다는 뜻이겠지요.

반면 특수학교에서는 소문이 늦게 퍼지거나 아예 부모들은 자식의 학교생활을 모르는 경우도 허다합니다. 학교생활이 어땠는지 집에 와서 종알종알 떠들어야 할 아이가 아직 발화조차 안 되는 경우가 많기 때문입니다. 그러다 보니 강릉의 특수학교 같은 일도 벌어집니다. 교실 안에서 다른 학생들이 있는데도 교사가 여학생을 빈번하게 성폭행하는 일까지 벌어집니다.

'사람'보다 '장애'가 먼저 앞서게 되니 이런 일들이 벌어집니다. 사람으로서 정당히 누려야 하는 기본 인권조차 침범을 당합니다. 하지만 인권을 침해하는 쪽에서는 이것을 인권침해라고 인식조차 하지 못합니다. 그들에게 이들은 사람이기에 앞서 장애인이기 때문입니다.

'사람'보다 '장애'를 앞에 뒀을 경우에 벌어지는 일은 또 있습니다. 앞으로 나올 사례는 우리도 일상에서 수시로 하고 있는 실수입니다. 심지어 장애 아이의 엄마인 저조차도 왕왕했던 실수입니다. 그것은 바로 발달이 느린 발달장애인을 제 나이에 맞지 않게 대우하는 것입니다.

제 아들은 열 살이지만 두세 살 아기와 같은 행동 양식을 보이곤 합니다. 과거의 저는 그런 아들의 정신연령에 맞춰 '덩치만 큰 아기'로 아들을 대하곤 했습니다. 지금에 와서 생각하니 제가 아들의 인권을 침범해도 크게 침범한, 부끄러운 일이었습니다.

어린 아기로 대하게 되면 예뻐하고 사랑해줄 수는 있으나 아들의 자기결정권을 침범하게 됩니다. 두 돌 지난 아이에게 이번 휴가에 가고 싶은 장소를 정하라고 하지 않는 것처럼, 부모는 일방적으로 결정을 하고 어린 자식은 부모의 결정에 따르는 게 당연하다 생각합니다. 제가 했던 실수가 바로 이것이었습니다.

마냥 어린 아기로만 바라보며 예뻐하고 아들을 위해 헌신하되 그 안에서 느리지만 나날이 자라가는 아들의 성장한 모습은 보려 하지 않았습니다. 아들의 욕구보다는 엄마의 필요가 우선되었고, 아들의 자기주장은 엄마의 '보다 좋은 선택'이라는 허울 아래 묻히기 일쑤였습니다.

관점을 바꿔야 했습니다. 아들에게 하는 모든 행동을 딸로 대입시켜 다시 생각해야 했습니다. 텔레비전을 30분간 먼저 본 뒤 그다음에 목욕하겠다는 딸의 주장은 존중해주면서, 텔레비전을 보려고 하는 아들을 붙잡아 목욕탕에 끌고 들어가곤 했습니다. 빵 먹기 싫으니 라면을 끓여달라는 딸의 주장은 존중해주면서, 아들은 먹기 싫어하는 빵도 달래가며 끝까지 먹이곤 했습니다.

저 역시 아들을 사람이기에 앞서 장애인으로 먼저 보았던 것이었습니다. 열 살 아들을 자기결정권을 가진 열 살 어린이로 대한 게 아니라, 아직도 두세 살의 어린 아기로 대하며 그의 자기결정권을 무시했던 것이었습니다.

성인 발달장애인에게는 이런 일이 더욱 빈번하게 일어납니다. 말이 짧고 유아기적 단어를 사용한다고 해서 20대 청년을 다섯 살 아이처럼 대하는 일이 벌어집니다.

"아유, 그랬쪄요? 방금 친구들이랑 밥 먹고 왔쪄요? 우리 동철 씨는 이제 뭐할 꼬예요?"

키도 크고 수염도 거뭇거뭇한 스물여섯 살의 청년에게 혀 짧은 소리로 말을 건넵니다. 말을 건네는 쪽에서는 그것이 배려이고 호감의 표시라 생각합니다. 하지만 입장을 바꿔 생각해보세요. 여러분이라면 어떨까요? 기분이 좋을까요? 우리도 가끔 만나곤 하죠? 우리를 아직 세상에 대해 아무것도 모르는 핏덩이 취급하며 본인들의 말만 강요하는 꼰대 어른들을 말입니다. 그렇게 우리를 어린애 취급하는 어르신들의 말을 들으면 반갑고 고맙고 기쁘던가요?

말을 하는 발화언어 능력과 말귀를 알아듣고 이해하는 수용언어 능력은 분명 다르게 발달한다고 했습니다. 그리고 발달장애인의 인지능력은 느린 속도로 발달하지만 신체적인 발육은 발달과 다르다고도 했습니다. 발육의 차원에서 보면 장애인도 호르몬의 영향으로 남들과 같은 사춘기를 맞게 되고, 어른이 되면 그에 맞게 욕구도 다양해집니다.

인지 수준과 말을 하는 발화 능력으로 상대방의 나이를 규정해 버리고 한없이 어린 사람으로 대하는 것. 그것이 우리들이 일상에서 빈번히 저지르는 실수이자 무례한 행동입니다.

작년에 장애 아이 부모들을 대상으로 한 어떤 강연에 간 적이 있습니다. 당시 한 분의 강사가 강단에 올라 한 시간 동안 강연했는데 저는 그 한 시간 내내 불쾌감이 치밀어 올라 참을 수가 없었습니다. 나중에 다른 부모들도 똑같은 감정을 느낀 것을 알게 됐는데 이유는 다름 아닌 강사의 말투 때문이었습니다.

장애 아이의 엄마들을 대상으로 한 강연이었음에도 엄마들을 너무 인식한 나머지 "어머님들"이라 부르지 않고 "선생님들"이라며 저희에게 존칭을 했습니다.

"여기 모인 선생님들도 동의하시죠?" 이런 식입니다. 하지만 그는 호칭은 선생님으로 높여 부르면서 정작 말투는 아무것도 모르는 어린아이를 대하듯이, 유치원 교사가 반 아이들 앞에서 설명하듯이 그렇게 강연을 이어나갔습니다.

아무리 엄마들에게 장애의 특성에 대해 가르쳐주기 위한 강연이라지만 마치 아무것도 모르는 어린애 취급하며 모두를 대하는 태도와 말투라니. 불쾌감의 원인은 거기에 있었습니다. 그리고 그때 깨닫게 되었습니다. 발달장애인도 똑같은 감정을 느낄 수 있겠다는 걸 말입니다.

호칭으로는 상대방을 존중하는 척 이름 뒤에 '씨' 자를 붙여 부르면서 정작 건네는 말의 내용이나 말투는 어린아이 대하듯 하면 안 된다는 걸 그때 깨닫게 되었습니다. 발달장애인의 이해를 돕기 위해 쉬운 말을 쓰는 것과 어린 말투를 쓰는 것은 분명 다른 일입니다.

우리는 그 누구도 20대의 성인 남자에게 혀 짧은 소리로 "그랬쩌요?"라며 말을 건네지 않습니다. 초등학생이 자기의 스케줄을 스스로 결정한 뒤 부모에게 알리면 그것이 부당한 것이 아닌 이상 존중해줍니다. 엄마의 편의에 따라 아이의 자기결정권을 마음대로 무시하지 않습니다.

장애인에게도 그래야 합니다. 당연한 일입니다. '장애'보다 '사람'이 먼저 앞서야 합니다. 장애의 프레임 속에 갇혀 마냥 어린 사람으로 대하면 안 됩니다. 그러면 그때부터 상대방이 '덩치 큰 아기'로 보

다르지만 다르지 않습니다

입니다. 상대방의 자기결정권이 무시됩니다. 갓난아기들에게 자기결정권을 허용하지 않는 것처럼 우리도 모르는 사이 '덩치 큰 아기'의 자기결정권을 인정하지 않습니다. 보조의자를 사용해야만 인권을 침해하는 게 아닙니다. 그냥 지나칠 수 있는 이런 사소한 일조차 인권침해에 해당합니다.

우리가 할 일은 자명합니다. 발달장애인도 제 나이에 맞는 사람으로 우리와 똑같이 존중해줘야 합니다. 그래야 속도가 느린 발달장애인도 사회적 관계의 올바른 맥락을 배워갈 수 있습니다. 제 나이에 맞는 행동 양상을, 대응법을 느리지만 확실히 배워갈 수 있습니다.

장애인을 장애인으로 대상화하지 않으면 됩니다. 장애인이기에 앞서 나와 똑같은 사람임을 잊지 않으면 됩니다. 그래야 우리도 모르게 저지르는 실수를, 그들의 인권을 침해하는 일을 우리가 멈출 수 있습니다.

미디어가 왜곡하는
발달장애인

미디어에서 발달장애인을 봅니다. 다큐멘터리가 주를 이루지만 요즘은 발달장애인이 영화의 주인공이 되는 경우도 종종 있습니다. 그 모든 것들을 환영합니다. 지금은 세상에 더 많은 발달장애인과 그들의 삶이 노출되어야 하는 시기거든요. 우리가 그들에 대해 알아가야 하는 시기입니다. 그동안 너무 모르고 살았기 때문입니다.

이렇게 발달장애인의 미디어 노출을 환영함에도 불구하고, 저는 발달장애인을 바라보는 미디어의 시각엔 유감을 표할 수밖에 없습니다.

먼저 다큐멘터리로 가봅니다. 다큐멘터리 속 발달장애인과 그 가족의 삶은 '고난'에 초점이 맞춰 편집되어 있기 일쑤입니다. 제 주변에도 방송 인터뷰를 한 장애 아이 부모들이 있는데 방송이 나가고 나면 가슴을 때립니다. 다른 좋은 얘기들은 전부 편집으로 날려버리고 우울하고 힘든 이야기만 부각시켰다며 분통을 터트립니다.

많은 다큐멘터리 방송이 아직도 이 틀을 크게 벗어나지 못하고 있습니다. 장애 당사자와 그 가족이 얼마나 힘들고 고된 삶을 사는지 집중적으로 보여줍니다. 그러다 말미에 '그럼에도 불구하고' 이들이 불행하지만은 않다며 행복하고 소소한 일상도 잠깐 보여줍니다.

다큐멘터리를 본 사람들은 어떤 생각을 하게 될까요? 예상했던 대로 장애인 당사자와 그 가족의 삶은 고단하고 힘들다는 생각을 먼저 합니다. 장애인에 대해 갖고 있던 고정관념과 편견에 확신이 더해집니다. '그럼에도 그들은 행복하다'는 건 잘 인식이 되지도 않고 기억에 남지도 않습니다. 처음부터 편집의 초점이 이들의 고난에 맞춰졌기 때문입니다.

저도 2년 전부터 다큐멘터리에 출연해달라는 방송사의 요청을 꾸준히 받아왔습니다. 총 네 개의 프로그램에서 연락이 왔는데 그중 두 개는 방송작가가 몇 개월에 걸쳐 설득하는 등 정성을 보이기도 했습니다. 하지만 그때마다 저는 거절했는데 제 의도와 다르게 편집

되는 것에 대한 두려움이 있었기 때문입니다.

물론 전국에 방송이 나갈 것을 생각해 집 안 곳곳을 깨끗이 대청소해야 한다는 부담도 있었고, 다이어트를 선언한 지 몇 년이 지났지만 오히려 나날이 늘어가는 몸무게 때문에 선뜻 카메라 앞에 설용기가 안 나기도 했습니다.

그런데 최근 또다시 다큐멘터리 요청이 들어오면서 저는 생각을 바꿔보기로 했습니다. 집 안 청소야 일주일 정도 끙끙대면 어떻게든 되겠지 싶었고, 뚱뚱하든 날씬하든 타인은 내 몸무게에 관심이 없다는 생각도 들었습니다. 그리고 무엇보다 장애인에 대한 왜곡된 시선이 아닌, 있는 그대로 우리의 삶을 보여줄 수 있는 방송이라면 오히려 이런 기회를 통해 발달장애인과 그 가족의 삶이 제대로 알려지는 것도 좋겠다는 생각이 들었습니다.

방송 출연에 긍정적인 의사를 보이고 방송작가와 통화를 합니다. 그런데 통화가 길어질수록 제 마음은 점점 답답해집니다. 방송작가는 저에게 어떤 삶의 방향성을 갖고 사는지 묻지 않습니다. 하는 일이 뭐냐며 스케줄을 묻고, 아들과 딸의 스케줄도 점검합니다. 아들 딸과 함께 예쁜 그림이 나올 수 있는 일정을 찾습니다. 아들을 위해 우리 가족이 얼마나 애를 쓰며 살아가는지, 그런 그림이 나올수 있는 건수를 찾는 데 중점을 둡니다.

저는 제동을 겁니다. 그건 우리 가족의 삶이 아니라고 말합니다.

다르지만 다르지 않습니다

아들을 위해 가족 모두가 각자의 위치에서 할 수 있는 최선의 노력을 다하고는 있지만, 우리 가족의 삶은 과거처럼 아들의 장애에만 매몰돼 있지 않습니다. 그보다는 각자가 자기 자리에서 잘 살면서 장애가 있는 아들도 더불어 잘 살자는 방향에 가깝습니다.

이런 제 뜻을 전합니다. 아들의 장애를 위해 모두가 희생하고 헌신하는 가족의 모습을 보이고 싶지 않다고 합니다. 그런 그림으로 편집되는 건 사양하고 싶다고 합니다. 방송작가는 잠깐의 침묵으로 당혹감을 나타낸 뒤 편집회의를 거쳐 다시 연락을 준다고 합니다. 그러고는 감감무소식입니다. 이미 하나의 방향으로 고정되어버린 방송 의도에 맞지 않았기 때문에 후보군에서 제외된 것으로 생각합니다. 쉽게 말해 '까인' 것입니다. 정해진 틀에 따르려 하지 않았기 때문입니다.

엘리트주의가 투영된 인간 승리 드라마

이렇게 정형화된 형식의 다큐멘터리가 있는가 하면 또 한편에선 발달장애인의 인간 승리 드라마가 그려지기도 합니다. 주로 음악과 미술 등에서 천재적 두각을 나타내는 '서번트 증후군Savant Syndrome'이 있는 발달장애인이 주인공입니다.

비록 사회생활은 서투르지만 특정 영역에서 남다른 재능을 펼쳐 보이는 그들은 자신의 장애를 극복하고 멋진 성취를 이뤄냅니다. 그 모습에 사람들은 감동을 받고 박수를 보냅니다.

얼핏 보면 좋아 보입니다. 장애가 없는 우리들도 이루기 어려운 일을 장애가 있는 이들이 해낸다니 극적인 효과는 배가 되고 덤으로 감동까지 밀려옵니다. 하지만 이런 식의 접근엔 큰 함정이 하나 숨어 있습니다.

장애인이 자신의 장애를 뛰어넘어 무언가를 이루었을 때 비로소 의미 있는 존재가 되는 것처럼 조명되고 있기 때문입니다. 어떤 성취를 이루고 나서야, 가치 있는 어떤 일을 하고 나서야 장애인이 장애인 이상의 존재로 대접받는 분위기가 조성되기 때문입니다.

발달장애 중에서도 주로 자폐성 장애, 그중에서도 10%만이 특정 분야에서 천부적 재능을 보이는 서번트 증후군을 갖고 있다고 합니다. 하지만 현실과 통계는 달라도 한참 다릅니다. 체감상 서번트 증후군은 1%도 되지 않는 것 같습니다.

무슨 뜻이냐면 천부적 재능 없이 평범한 삶을 사는 발달장애인이 대다수를 차지하고 있다는 것입니다. 어른이 되어도 출중한 재능이 드러나지 않는 발달장애인이 대부분이라는 뜻입니다.

우리 모두가 전교 1등을 하는 게 아니듯 발달장애인 모두가 숨겨진 천부적 재능을 하나씩 가지고 있는 게 아닙니다. 그런데 발달장애인을 미디어로만 접해본 이들은 사뭇 다르게 생각합니다. 장애인이지만 '잘하는 무엇'이 있을 것이라 기대하게 됩니다.

다르지만 다르지 않습니다

그러다 보니 특별히 잘하는 게 없는 평범한 발달장애인은 여전히 장애인으로 남고, '잘하는 무엇'이 있는 장애인은 장애인 이상이 되어 비장애인 사회에서 인정받는 분위기가 연출됩니다. 일명 '장판'이라 불리는 장애인 판에서조차 '엘리트주의'가 성행하는 이유이기도 합니다.

엘리트주의가 무엇이냐고요? 비장애인 자식의 교육에서 학교 성적에 목을 매듯이 장애인 자식의 교육에서 기능 향상에 올인하는 것을 말합니다.

장애 비장애가 크게 다르지 않습니다. 아이들 교육에 열성인 엄마가 비장애 아이들을 학원 뺑뺑이 돌리듯, 장애 아이의 기능 향상에 초점을 맞춘 엄마들은 최대한 많은 치료실을 뺑뺑이 돌립니다. 일부 부모가 공부 못하는 친구와는 어울리지 못하게 하듯, 기능 좋은 장애 아이를 둔 일부 부모는 중증의 장애 친구들과 그룹 수업을 같이 하거나 한 반이 되는 걸 꺼립니다. 장애인 판에서조차 '기능'으로 편을 가르고 벽을 칩니다. 엘리트주의가 이곳에까지 침범한 것입니다.

이런 식의 접근이 우려되는 보다 더 근본적인 이유는 엘리트주의가 성행할수록 장애가 개인의 노력에 의해 극복될 수도 있다고 생각되어질 가능성이 있기 때문입니다.

장애는 말입니다. 개인의 노력으로 없어지지 않습니다. 다만 사람은 누구나 자신의 전 생애를 통해 꾸준히 발달해나가기 때문에 발달장애인도 속도가 더딜 뿐 꾸준히 발달해나갈 뿐입니다. 즉 제 아들의 지적장애가 없어지지는 않지만, 꾸준한 반복 학습을 통해 사회적으로나 기능적으로 발전되어갈 수는 있다는 뜻입니다.

그런데 각종 미디어에서 인간 승리 드라마에만 너무 초점을 맞추다 보면 장애가 꼭 극복해야 할 무엇처럼 느껴집니다. 저도 빨리 제 아들의 장애를 극복해야만 할 것 같습니다. 엄마인 저는 부담감이 팍팍 몰려옵니다. 제 아들도 그냥 평범한 지적장애인으로 살면 안 될 것 같거든요. 음악이든, 미술이든, 수영이든, 볼링이든, 퍼즐 맞추기든, 패턴 찾아내기든, 무언가 남들과 다른 특별한 능력을 찾아내야 할 것만 같습니다.

이런 분위기가 조성되니 부작용이 생깁니다. 장애 당사자와 그 가족들이 '장애'와 싸우기 위해 힘겨루기를 시작합니다. 한 명의 '엘리트 장애인'을 만들기 위해 가족들의 희생이 시작됩니다.

엄마는 장애인 자식의 기능을 높이는 데 자신의 인생을 바치고, 아빠는 거기에 들어가는 자식의 치료비와 교육비를 대기 위해 돈 버는 기계로 전락합니다. 장애인 자식에게 모든 초점이 맞춰져 있기 때문에 비장애인 자식은 소외되기 일쑤입니다. 한 가정이 장애의, 장애에 의한, 장애를 위한 삶만 살게 됩니다. 이른바 '장애도'에 갇히는 삶입니다.

다르지만 다르지 않습니다

　미디어의 잘못된 접근은 장애인과 그 가족에게만 영향을 미치는
게 아닙니다. 우리들도 미디어의 영향을 받습니다. 우리들의 장애
인식은 미디어를 통해 현재에 이르렀다고 해도 과언이 아닙니다.

　여러분은 발달장애인이라고 하면 어떤 이미지가 떠오르나요? 저
는 10년 전까지 개그맨 정준하 씨가 떠올랐습니다. 과거 〈노브레인
서바이벌〉이라는 프로그램에 출연했던 정준하 씨. 그는 온 얼굴을
찡그리며 "두 번 죽이는 거예요"라고 부르짖어 모두를 웃겼습니다.
'바보' 캐릭터의 전형이었습니다.

　장애와 무관한 삶을 살 줄 알았던 10년 전의 저에게 발달장애인
은 지적 능력이 모자란 '바보 캐릭터'로 인식되어 있었습니다. '발달
장애인=정준하'라는 이미지가 뇌리에 깊이 박혀 있었던 것입니다.
발달장애인에 대한 이미지를 미디어를 통해 얻게 된 것입니다.

　그러다 아들이 지적장애인이 된 10년 후의 지금, 저는 첫 책인
《사양합니다, 동네 바보 형이라는 말》을 통해 예능 프로그램에서부
터 '동네 바보 형'이라는 말을 사용하지 말아줄 것을 당부했습니다.
제 아들이 발달장애인이 된 후에야 그동안 제 자신이 텔레비전을 보
며 깔깔대고 웃었던 영구, 맹구, 칠뜨기가 제 아들과 같은 지적장애
인을 모티브로 했다는 걸 알게 되었기 때문입니다.

　영구와 맹구가 사라진 요즘에는 '동네 바보 형'이 새로운 강자로

자리 잡은 모양새입니다. 언어를 유창히 구사할 줄 모르고, 구체적인 상황을 파악하기 어려워 엉뚱한 대답을 할 수도 있으며, 행동이 느린 발달장애인. 그들의 그런 특성이 '동네 바보 형'이라는 이름하에 놀림감이 되고 있습니다.

대한민국 대표 예능 프로에서 '동네 바보 형'이라는 말을 사용하며 출연진들끼리 놀려대고 웃을 때 저는 마음이 불편합니다. '이렇게 미디어를 통해 발달장애인인 내 아들은 전 국민적인 조롱의 대상이 되고 있구나'라는 생각이 듭니다. 10년 전에는 보이지 않던 것이 이제야 보이는 것입니다. 장애가 내 자신의 일이 되고 나서야, 미디어에서 행해지는 바보 캐릭터를 향한 조롱이 얼마나 잔인한 것인지 눈에 보이는 것입니다.

미디어부터 시작했으면 좋겠습니다. 진정한 사회 통합을 위한 올바른 장애 인식 교육이 미디어에서부터 시작되면 좋겠습니다. 장애인을 장애가 있을 뿐인 사람으로 바라볼 수 있게, 장애인이라는 단어에 가치판단이 들어가지 않게, 그들을 바라보는 시선을 왜곡하지 말았으면 좋겠습니다.

장애인은 힘든 삶을 사는 불쌍한 존재만은 아니고, 그렇다고 남들과는 다른 비범한 능력을 지닌 특별한 존재도 아닙니다. 저나 여러분과 다를 바 없는 보통의 사람입니다. 우리가 불쌍하거나 특별하지 않은 것처럼 그들도 마찬가지입니다. 다만 장애가 있을 뿐이고,

다르지만 다르지 않습니다

그 장애로 인해 나타나는 특성들이 그들의 삶에 많은 영향을 미칠 뿐입니다.

그렇기 때문에 장애는 '특별한 무언가'가 아닌 '개인의 특성'입니다. 평생을 지니고 살아가는 특성입니다. 개인의 특성이기 때문에 저마다 다른 양상을 보입니다. 우리들이 저마다 다른 특성을 지니고 살아가듯 말입니다. 장애의 특성을 개인의 특성으로 인정할 줄 아는 우리들의 인식 변화가 필요한 시점입니다.

3장.

더불어 사는
사회

다른 것은
틀린 게 아닌
사회

장애가 개인의 특성으로 받아들여지는 사회가 된다면 어떤 일이 벌어질까요? 가끔씩 저는 그러한 세상을 상상해보곤 합니다. 제 아들이 발달장애인이 아닌, 발달장애가 있을 뿐인 개인으로 사회 속에서 사람들과 어울려 살아가는 미래의 모습을 그려보는 것입니다.

그러한 사회가 된다면 일단 장애 당사자인 제 아들과 장애인 가족인 저와 남편, 딸이 무척이나 평온할 것 같습니다. 행복하다는 게 아니라 적어도 외부의 시선에서 자유로울 수 있어 평온한 일상을 살아가는 데 한결 힘을 받을 수 있을 것 같아요.

물론 그 안에서 겪는 크고 작은 문제들은 여전히 이어지겠지만 어디 바람 한 점 안 불고 조용한 가정이 있던가요? 장애가 있든 없든 우리네 인생은 늘 크고 작은 문제의 연속입니다.

그리고 그러한 세상이 된다면 장애인 복지 수준도 지금보다 현저히 높아질 것이라 믿습니다. 장애인 복지가 잘되어 있는 외국의 사례를 보면 눈에 띄는 점이 있어요. 바로 복지 시스템이 잘 갖춰진 나라들일수록 장애인에게 우리나라와 같은 차가운 시선을 보내지 않는다는 것입니다.

발달장애인이 상동행동이나 돌발행동을 했을 때 시선을 거둬주는 것으로 관심을 보여주고, 한 발 더 나아가 여유 있는 마음으로 이해해주고 기다려주는 모습을 보곤 합니다. 그뿐만 아니라 장애인에게 부정적인 시선을 보내는 이가 있으면 오히려 그런 시선을 보낸 이에게 비난의 화살이 쏠린다는 얘기까지 듣고서 저는 참 부러운 마음이 들었습니다.

그러다 깨닫게 된 것이 있지요. 국민들의 장애 인식과 이해도가 높은 나라일수록 장애인 복지 제도가 잘되어 있다는 걸 알게 된 것입니다. 어느 게 먼저인지는 모르겠습니다. 장애 인식이 높아서 복지가 잘되어 있는 건지, 복지가 잘되어 있으니 장애 인식도 높아진 건지.

분명한 건 아직도 걸음마를 떼는 단계인 우리나라의 장애 복지 시스템이 제대로 구축되기 위해선 사회의 장애 인식도 함께 성장해야 한다는 걸 알게 되었다는 사실입니다.

장애인과 함께 사는 것이 비장애인에게도 좋은 이유

장애가 개인의 특성으로 받아들여지는 사회가 되면 그 혜택은 장애인만 받을까요? 장애가 없는 우리들은요? 우리들에겐 어떤 점이 좋을까요? 우리에게도 뭔가 좋은 것이 하나쯤은 있어야 그런 사회를 위해 노력이라도 할 것 아니겠어요. 방금 이런 생각을 한 분도 있을 겁니다. 저도 그런 생각을 해본 적이 있거든요.

장애인을 그 자체로 우리 사회에 받아들이는 건 비장애인이 일방적인 희생이나 봉사를 해야만 하는 일처럼 느껴지기도 합니다. 그러다 보니 우리 동네에 특수학교가 들어선다고 하면 주민들이 펄쩍 뛰면서 반대하기도 하지요. 오히려 장애가 있기에 집 앞의 가까운 학교에 다닐 수 있도록 지원을 받아야 할 이들이 한 시간 넘게 통학버스를 타고 먼 거리의 학교를 다닙니다.

이런 문제는 장애인 시설 전반에서 고르게 나타납니다. 장애인 교육센터나 작업장 등도 접근성 좋은 곳에 자리를 얻기가 힘듭니다. 건물주가 자리를 내어주지 않는다고 하네요. 장애인과 부대끼며 살아가는 일상이 비장애인들에게 피해를 끼칠 것이라 생각해 장애인 시설이 들어오는 걸 반대하는 겁니다.

하지만 장애인과 더불어 살아가는 건 장애가 없는 우리들에게 좋은 일이 되기도 합니다. 장애인이 아닌 우리 자신이 성장할 수 있는 좋은 기회가 되거든요. 왜 그런지 제 이야기를 한번 잘 들어보세요.

제 아들이 특수학교로 전학 오기 전, 일반 초등학교를 다녔을 때 이야기입니다. 제 아들은 특수학급에서 2~3교시, 일반 학급에서 2~3교시를 번갈아 가며 수업을 들었습니다. 그때 일반 학급에서 제 아들을 유난히 챙기던 영환(가명)이라는 친구가 있었어요.

영환이는 요즘 말로 하면 '츤데레(겉으론 무심한 척하면서 뒤로 은근슬쩍 챙겨주는 모습을 나타내는 일본어)'입니다. 선생님에게 칭찬받고 스티커를 받기 위해 앞에서 눈에 띄게 챙기는 게 아니라 뒤에서 은근슬쩍 아들에게 필요한 도움을 주던 속 깊은 아이였습니다.

여기서 주목할 것은 영환이의 변화입니다. 영환이가 제 아들만 챙겼을까요? 아니랍니다. 학기 초에는 제 아들을 간간히 챙기던 영환이였는데, 아들이 전학을 갈 때쯤에는 도움이 필요한 반 친구들을 속 깊게 두루 챙길 줄 아는 멋진 사내가 되어 있었어요.

전학을 앞두고 저는 영환이 엄마에게 고마운 마음을 전했습니다. 영환이 엄마는 "아들의 몰랐던 모습을 발견하네요"라고 말합니다. 집에서 알지 못했던 모습이라면 학교라는 사회 속에서 자연스럽게 길러진 덕목이라고 보면 될 것 같습니다.

분명 영환이는 이타적인 태도로 주변을 살필 줄 아는 성품을 갖고 있는 아이였을 거예요. 하지만 아무리 그런 성품을 타고났다 해도 그것을 실행할 대상이 없으면 성품은 발현되지 않는 법입니다. 그런데 마침 영환이에겐 제 아들이 있었어요. 모든 것이 느려서 적절한 도움이 필요했던 친구가 같은 반에 있었던 것이죠. 영환이 입장에선 내재돼 있던 성품이 발현될 수 있는 좋은 기회였을 겁니다.

무조건적인 도움을 말하는 게 아닙니다. 도움이 필요한 곳에 손을 내밀어본 경험이 있는 아이는 어른이 되어서도 주변을 살필 줄 아는 사람으로 자라게 될 겁니다.

그런 의미에서 "나에게 틀렸다고 하지 않고 다르다고 말해주던 남자 친구, 항상 양보하고 이해해주던 남자 친구, 알고 보니 장애인 누나가 있더라고요"라고 제게 말하던 어느 여대생의 고백은 주목할 만합니다.

영환이와는 전혀 다른 성향의 친구들도 있었어요. 장애가 있는 아들이 낯설었던 아이들입니다. 전해 들은 바에 따르면 그 친구들은 엄마들이 먼저 선을 그었다고 합니다. 장애인 친구 때문에 피해를 보긴 싫으니 담임 선생님에게 제 아들과는 짝을 맺어주지 말라고 부탁했다고 합니다.

엄마가 먼저 나서서 자식과 같은 반의 장애인 친구에게 선을 긋습니다. 장애인 친구와 얽히지 않게 보호막을 만들어줍니다. 그 마음을 이해 못 하는 것은 아닙니다. 제 아들에게 장애가 없었다면 저도 그랬을지 모르는 일입니다.

다르지만 다르지 않습니다

그런데 말입니다. 그렇게 부모의 특별한 보호막 안에서 자란 아이들이 나중에 부모의 기대대로 특별한 어른이 될지는 잘 모르겠습니다. 좋은 것만 보고, 좋은 것만 먹고, 좋은 친구와만 어울리도록 부모가 환경을 조성해준 아이들이니 그대로 잘 자라야 할 텐데 제가 본 모습은 조금 달랐기 때문입니다.

아들의 소풍을 따라간 적이 있습니다. 학부모 중에서는 유일하게 저만 따라간 소풍이 두 번 있었어요. 소풍날 저는 반 아이들과 하루를 같이 보내면서 뜻밖의 사실을 알게 됐습니다. 엄마가 특별 대접을 하며 키운 일부 아이들이 오히려 반 아이들과 스스럼없이 잘 어울리는 데 애를 먹는 모습을 보게 된 것입니다.

모든 엄마들이 바라는 이상적인 자식상이 있지요. 공부도 잘하고 예체능도 잘하는데 리더십마저 있어서 친구들 사이에서 두각을 나타내는 자식이요. 흔히 '엄친아(엄마 친구 아들)', '엄친딸(엄마 친구 딸)'이라 불리는, 드라마 속에서나 볼 법한 이상적인 자식상을 현실의 내 아이에게 실현시키기 위해 온갖 정성을 들입니다.

온갖 종류의 학원 뺑뺑이는 말할 것도 없고 자식의 리더십과 사회성을 길러주기 위해 다양한 체험의 기회도 틈나는 대로 제공합니다. 하지만 리더십과 사회성은 개별 체험으로 길러지는 것이 아닌가 봐요. 사회 안에서 사회 구성원과 어떠한 관계를 맺고 경험하느냐에 따라 자연스럽게 길러지는 덕목인 듯합니다. 그러다 보니 부모의 특별한 보호막 안에 싸여 있던 아이들은 오히려 특별하게 키우고자 하는 부모들의 의지에 의해 자율적인 사회성 발달이 저해되고 있었습니다.

아, 물론 이건 제가 경험하고 제가 느낀 개인적인 의견일 뿐입니다. 귀하고 특별하게 대접받고 자란 아이들이 귀하고 특별한 어른으로 성장하는 경우도 있을 거예요. 제가 보지 못해서 알지 못할 뿐이기도 할 겁니다.

다른 것을 받아들이는 힘

사회에 나가 직장 생활을 하다 보면 다양한 인간 군상을 만나게 됩니다. 모두가 내 친구들 같지 않고, 모두가 내 가족들 같지 않습니다. 나와는 너무 다른 그들의 사고방식과 행동 양식을 보며 인간관계에서 스트레스가 쌓여갑니다. 때로는 나와 다른 그들을 참아내는 게 무척이나 힘들기도 합니다.

합리적이지 않은 상사, 권위만 앞세우는 선배, 또박또박 말대꾸하는 후배. 일이 힘들어서가 아니라 사회생활 속 인간관계가 힘들어서 직장을 그만두고 싶기도 합니다.

반면 같은 환경에서 일하고 있는 입사 동기는 모든 이들과 안정적인 관계를 유지하며 잘 지냅니다. 어떻게 그런 게 가능할까요? 직장 상사는 더 유능했으면 좋겠고, 선배는 가식의 탈을 벗었으면 좋겠고, 후배는 회의실 가서 크게 한번 혼내고 오면 소원이 없을 것 같은데 말입니다. 그런데 현실은 그러질 못하니 속병이 쌓여가고 대인 관계가 꼬이니 자신감도 떨어지고 일도 안 됩니다. 절이 싫으면 중이 떠나라고, 결국 사회 속에 적응하지 못한 이가 사표를 냅니다.

저도 주변에서 많이 경험한 일들입니다. 같은 환경에 있어도 그 환경을 받아들이는 개인의 역량에는 분명히 차이가 있었습니다. 저는 이 차이가 '다른 것을 받아들이는 힘'으로부터 발생한다고 생각합니다.

우리나라는 유독 '같은 것'에 큰 의미를 두곤 합니다. 같은 학교 출신, 같은 동네 출신, 같은 부대 출신 등 같다는 공통점은 사람들 간의 친밀도를 순식간에 높이는 매개체가 됩니다.

어른들만이 아닙니다. 같은 유치원 출신, 같은 학원 출신, 같은 체육센터 출신 등 같은 것을 추구하는 우리들의 습성은 어린이 집단에게까지 영향을 미치곤 합니다. 제 딸만 하더라도 같은 학원 출신 친구들끼리 더 친하게 지내고, 엄마인 저조차도 같은 유치원 출신 엄마들끼리 더 친밀하게 뭉치곤 했거든요.

이런 세태다 보니 우리들에겐 다른 것을 받아들이는 힘이 점점 줄어들고 있는 것만 같습니다. 정작 사회는 갈수록 더욱 다양해지고 있는데도 말입니다. 이러한 분위기가 '같은 것은 좋은 것, 다른 것은 나쁜 것'이라는 이분법적인 사고로까지 발전하다 보면, 어쩔 수 없이 다른 것을 맞이해야 하는 순간이 다가왔을 때 힘이 듭니다. 같은 것만 추구하던 안정된 세계에 다른 것이 끼어들면 바이러스라도 침범한 것 같습니다. 원래의 편했던 상황대로, 다른 것은 배척하고 같은 것끼리만 모이고 싶습니다.

평생을 그렇게 살 수 있다면 그 또한 나쁘지 않을 겁니다. 자신이 선택한 삶의 방식이니까요. 각자의 삶의 방식에 대해선 타인이 왈가왈부할 게 아닙니다. 하지만 우리들이 살아가는 인생은 평생을 담보할 수 없다는 게 문제입니다. 언제까지나 같은 것 안에서만 살아갈 수는 없습니다. 나이가 들수록 더 다양한 사람들의 군상과 마주하게 됩니다. 그들은 나와 다릅니다. 장애 비장애가 문제가 아닙니다. 살아온 환경이 다르니 생각이 다르고, 생각이 다르니 행동 양식도 다르게 나타납니다.

그 모든 다른 이들을 그들 자체로 인정하고 바라보느냐, 그 다름을 받아들이지 못해 스트레스 요소로 인식하느냐는 오로지 개인의 역량에 달려 있습니다. 개인이 살아오면서 경험한 것들이 개인의 자산이 됩니다.

다시 처음으로 돌아가 볼까요? 장애인과 함께 어우러져 살면 비장애인에게 어떤 점이 좋으냐고요? 인간관계 속에서 다름이란 게 무엇인지, 다르지만 같은 사람이라는 게 무엇인지 자연스럽게 터득하게 됩니다. 같지만 다르고, 다르지만 같은 장애인과 부대끼면서 나와는 다른 방식으로 세계를 인식하고 사는 그들의 세상을 직간접적으로 경험하게 됩니다.

언어만이 아닌 다양한 방식의 소통 방법도 배우게 됩니다. 특히 이 부분은 매우 큰 강점인데, 우리가 부딪히는 인간관계에서 대부분의 문제는 소통에서 오기 때문입니다.

우리는 소통이 잘되지 않을 때 서로를 오해하고 관계에서 스트레스를 받습니다. 하지만 소통이라는 건 언어만이 전부가 아닙니다. 말을 유창하게 잘하는 우리들조차 언어가 아닌 수많은 방법으로 타인과 소통을 하고 있습니다. 눈빛, 작은 제스처, 말투, 태도 등 우리는 말이 아닌 수많은 방법으로 이미 소통 중입니다. 말이 서툰 발달장애인과의 관계를 통해 우리는 다양한 소통의 방식을 배울 수 있습니다.

게다가 발달장애인과 어우러져 살면 다른 건 틀린 게 아니라 그저 다를 뿐이라는 것도 자연스럽게 터득하게 됩니다. 굳이 장애 이해 교육을 통해 배우지 않아도 말입니다.

아들이 일반 학교를 다닐 때 한 여학생이 했던 이야기가 있습니다. "아줌마, 저는 동환이가 말은 못해도 동환이의 마음을 다 알아들을 수 있을 것 같아요."

아들이 온몸으로 하는 자기 의사 표현 방법을 보면서 그 여학생은 언어 외의 방법으로 소통하는 것에 대한 민감도가 높아졌고, 그러면서 아들의 행동과 마음을 이해하고 나자 더 이상 아들이 '틀린'

장애인이 아니라 단지 '다르게' 행동할 뿐인 친구란 것을 알게 된 것입니다.

여기에서 확실한 건 이 여학생이 제 아들을 통해 다른 것을 받아들이는 힘을 길렀다는 것입니다. 한 번 경험하고 나면 두 번째와 세 번째는 더 쉬워집니다. 아마도 그 여학생은 다양해지는 사회 변화에 발 맞춰 어떤 환경에도 잘 적응할 수 있는 준비된 어른으로 자라지 않을까 예상해봅니다. 장애인과 어우러져 살면서 다름을 다름 그 자체로 편견 없이 받아들이는 경험을 해봤기 때문입니다.

다른 것은
틀린 사회

반면 위 여학생의 사례와는 다르게 나와는 다른 사람을 그 자체로 수용하기 힘든 사회가 됐을 때 어떤 일이 벌어지는지 실제 사례를 들어볼까 합니다. 다른 것을 배척하고 같은 것만 추구하는 사회는 우리들만이 아니라 자라나는 어린아이들에게까지 영향을 미칩니다. 우리가 먼저 바뀌고, 변해야 하는 이유입니다.

공공의 적이 되어버린 장애 학생

초등학교에 입학한 딸의 학급에서 일어났던 일입니다. 저는 딸이 학교생활에서만이라도 동생으로부터 자유를 갖고 자신만의 사회생활을 구축할 수 있게 하려고 쌍둥이 남매를 각각 다른 초등학교에 입학시켰습니다. 딸이 다니는 초등학교에는 특수학급이 개설돼 있지 않습니다.

입학한 지 얼마 지나지 않아 같은 유치원 엄마들끼리 모여 있는 채팅방 곳곳에서 알람이 울리기 시작합니다. 우리 딸 반의 어떤 남자아이 때문에 지금 누구 엄마 등이 학교에 쫓아가고 난리가 났다는 내용입니다. 저에게 그 남학생에 대해 아는 게 있냐고 물어옵니다.

집에 돌아온 딸에게 물어보니 반에서 누구랑 누가 싸워서 선생님한테 혼났다는 얘기를 합니다. 그런 일이 몇 번 있었다고 합니다. 저는 그랬나 보다 하고 지나갑니다.

3월 말이 되자 학부모총회가 열리고 같은 반 엄마들 간의 비상연락망이 완성됩니다. 엄마들끼리의 단톡방이 새로 만들어지고 모임도 자주 갖습니다. 엄마들 사이에 여러 대화가 오가면서 자연스럽게 그 남학생에 대한 이야기가 화제에 오릅니다.

폭력적인 성향을 나타내는 한 남학생 때문에 벌써 몇 명이 피해를 봤다는 얘기입니다. 이런 사건이 있었는지도 모르고 있던 엄마들마저 깜짝 놀랍니다. 모두가 그 남학생을 지탄하는 분위기가 형성되자 그 아이가 얼마나 심한 악행을 저지르는지 여기저기서 엄마들의 증언이 터져 나옵니다. 남자아이들은 맞서 싸우기라도 하지, 여자아이를 키우는 엄마들 마음은 더욱 불안하기만 합니다.

다르지만 다르지 않습니다

이제 그 남학생에 대한 이야기는 전교로 퍼져 나갑니다. 엄마들은 길에서 오가며 지나칠 때마다, 카페에서 차를 마실 때마다, 함께 점심을 먹을 때마다 그 아이에 대한 이야기만 나눕니다. 자식이 학교에서 돌아오면 오늘은 또 그 아이가 학교에서 무슨 일을 저질렀는지 먼저 물어보고 단톡방에 정보를 공유합니다. 그 아이에 대한 불안감이 모두의 마음을 잠식합니다.

그러다 한 엄마가 총대를 멥니다. 더 이상 이렇게는 못 지내겠다며 학폭위(학교폭력위원회) 개최를 위한 엄마들 소집령을 내리고 담임 선생님과의 면담도 요청합니다.

이 과정에서 새로운 사실이 하나 밝혀집니다. 단지 폭력적이고 성격이 나쁜 아이인 줄로만 알고 있던 그 아이는 사실 ADHD(주의력결핍 과잉행동장애)가 있는 아이였던 것입니다. 해당 아이의 부모도 그런 사실을 전혀 모르고 있다가 자꾸 학교에서 사건이 벌어지니 병원에 가서 검사를 받고 이 같은 사실을 알게 되었습니다. 제 아들의 지적장애는 어릴 때부터 발달이 늦어 금방 표가 났지만, ADHD의 경우에는 6~7세가 되어서야 그 특징이 드러나는 경우도 많다고 합니다.

물론 ADHD를 지닌 모든 아이들이 다 공격적이지는 않습니다. ADHD도 여러 종류가 있는데, 그 아이는 매우 뛰어난 인지능력을 갖고 있으면서 공격적인 성향만 두드러지는 경우였습니다. 아이가 성격이 나빠서 그런 게 아니었다는 것, 스스로도 충동을 억제할 수 없는 호르몬 문제 때문에 공격적인 행동이 나왔다는 것, 약물과 심리 치료 등으로 충동성을 억제할 수 있다는 것 등의 사실이 알려졌지만 엄마들의 고조된 분위기는 가라앉지 않습니다.

그리고 그날이 옵니다. 학폭위를 개최하기 위한 사전 미팅 날입니다. 담임 선생님과 해당 아이의 부모와 학급 엄마 십여 명이 교실에 둘러앉았습니다. 결론부터 말하면 학폭위는 열리지 않았습니다. 담임 선생님이 선을 그은 것입니다. 분노하는 다수의 엄마들에 맞서 홀로 해당 아이를 지키겠다고 선언한 것입니다.

해당 아이의 부모도 약물 치료와 놀이 치료 등을 병행하고 약물이 효과를 보일 때까지 일찍 하교하는 등 나름의 조치를 취하기로 약속합니다. 하지만 그 엄마는 아이에게 필요한 치료 지원을 하는 것과 별개로, 자신의 아이에게 그토록 냉정한 날을 세웠던 반 엄마들을 용서하지 않습니다. 단톡방에서 탈퇴하고 모두와 연락을 끊습니다. 길에서 오가다 만나도 눈 한 번을 맞추지 않습니다. 스스로 고립되는 길을 택하는 것으로 자신의 아이를 지킵니다.

시간이 지나면서 약물은 점점 효력을 발휘합니다. 아이는 약 때문에 축 처져 있기 일쑤였지만 더 이상 그 아이로 인한 싸움 소식은 들려오지 않게 됩니다.

다르지만 다르지 않습니다

이렇게 딸의 반을 위협하던 최대 위험 요소가 사라졌습니다. 이제 이 학급은 분위기를 망치던 ADHD 아이가 사라졌으니 모든 게 평화롭게 제자리를 찾아가야 합니다. 그런데 과연 그랬을까요? 애석하게도 그 반대입니다.

ADHD가 있는 아이는 하나의 구실일 뿐이었습니다. 다른 아이들의 문제 행동을 모두 덮어버리는 하나의 커다란 구실. 무슨 일이 일어나도 그 아이 탓을 하면 모두가 편했습니다. 공공의 적이 있었기에 엄마들은 연대했고 끈끈해졌으나 정작 남의 아이를 탓하느라 자신의 아이가 어떤 아이로 자라고 있는지는 살피지 못했습니다.

똑똑하고 공부도 잘하는 '정상적'이라는 아이들은 '의도를 갖고' 친구를 괴롭혔습니다. 한두 명이 아니었습니다. 남자아이들은 남자아이들의 방식으로, 여자아이들은 여자아이들의 방식으로. ADHD 아이가 축 처져 있는 교실에는 그때서야 비로소 온갖 문제들이 넘쳐나기 시작했습니다.

그건 더 나빴습니다. '정상적'이라는 아이들의 의도가 있는 잔인함은 장애가 있는 아이들의 순수한 민폐보다 더 많은 피해를 야기했습니다. 학기 말이 되자 반은 걷잡을 수 없는 혼돈 속으로 빠져들었고 급기야 담임 선생님이 수업 중 울음을 터트리는 사태까지 발생하게 되었습니다. 반 아이들끼리도 싸우고 반목하느라 매일이 시끄럽습니다.

공공의 적이 있을 땐 끈끈하게 연대했던 엄마들도 한 해가 끝나갈 쯤엔 삼삼오오 갈립니다. 내 아들을 때린 저 아이의 엄마, 내 딸을 괴롭힌 저 아이의 엄마 등과는 얼굴도 마주하고 싶지 않았던 것입니다.

제 딸을 비롯한 반 아이들도 혼란스럽습니다. 학기 초에는 모든 엄마들이 ADHD가 있는 남학생과 놀지 말라고 했습니다. 곁에 가까이 가지도 말라고 했습니다. 그런데 그 아이가 기운 없이 엎드려 있는 지금, 오히려 그 아이는 천사였을 정도로 자신을 괴롭히는 친구들이 반에 넘쳐납니다.

그런데 이번에는 아무도 그 친구들과 놀지 말라는 말을 하지 않습니다. 자신을 괴롭히는 친구들의 엄마들이 예전 ADHD가 있는 아이와 놀지 말라고 했던 그 엄마들이기 때문입니다.

그러는 한편 일부 엄마들의 마음속에는 죄책감마저 솟구치기 시작합니다. 그때 그 아이를 반에서 몰아내기 위한 학폭위 사전 미팅에 참석했던 자신을 반성하게 되는 것입니다. 여전히 모두와 날을 세우고 '장애도' 안으로 깊숙이 들어가 버린 ADHD 아이의 엄마를 보면서 일부 엄마들은 씁쓸한 기분마저 듭니다.

"알고 보니 그 아이는 문제 축에도 끼지 못할 수준이었네. 진짜 문제들은 따로 있었어."

이 사건은 제 딸의 반에서 실제로 일어났던 일입니다. 이 사건을 대하면서 어떤 생각이 들었나요? 저는 이런 생각을 했습니다.

'남의 아이를 탓할 게 아니다. 내 자식이나 잘 키우자.'

진짜 걱정해야 할 것은 장애를 가진 남의 아이가 아닙니다. '정상적'이라는 속도로 잘 자라고 있는 내 아이입니다. 집에서 보는 모습이 다가 아닌 내 아이의 진짜 모습입니다. 얼마든지 의도를 갖고 잔인해질 수 있는 똑똑한 내 자식입니다.

그러니 부모 된 우리는 내 아이를 잘 키워야 합니다. 장애가 있는 남의 아이에 대해 불안감을 확산시키는 대신 내 아이를 잘 키우는데 온 힘을 다해야 합니다.

그렇게 내 아이를 잘 키우는 데 집중하다 보면 다른 아이들에 대한 불안감도 자연스럽게 줄어듭니다. 관심이 남의 아이에게 가 있을 땐 큰일이라도 벌어질 것 같았지만, 막상 대중심리에서 벗어나게 되면 남의 아이를 보더라도 특별한 문제 요소는 보이지 않습니다. 비록 내 아이와는 다르지만 틀린 것은 아닌, 귀한 남의 집 자식이라는 것도 알게 됩니다.

그리고 이러한 엄마의 변화는 아마 자식의 변화도 이끌어낼 수 있을 것입니다. 나와는 다른 같은 반 친구를 배척하는 게 아니라 함께 껴안고 살아갈 방법을 스스로 찾게 되면서 '다르지만 같은' 장애 아이로 인해 내 아이는 더 넓은 마음을 지닌 사람이 될 수 있을 것입니다. 다르게 소통하는 방식을 익혀나갈 수도 있고, 도움이 필요한 타인에게 손을 내미는 경험을 할 수도 있고, 그로 인해 스스로의 인성이 빛나게 되면서 자존감마저 올라갈 것이기 때문입니다.

그러므로 장애 아이와 내 아이가 한 반이 된다는 건 불안해하고 배척할 일이 아니라, 환영하고 반색해도 될 일입니다. 장애 아이가 아닌 내 아이와 나 자신의 성장을 위해서 말입니다.

다르지만 다르지 않습니다

노화라는 이름의
장애

올여름, 저는 특별한 경험을 했습니다. 이전과는 다른 차원의 신체 고통을 경험하기 시작한 것입니다. 몇 년 동안 약을 먹으며 관리하고 있던 당뇨는 잠시 몸 관리에 게으름을 피운 사이 당 수치가 급격히 올라가며 몸 곳곳에 이상 신호를 보내기 시작했습니다. 신장 기능이 안 좋아지면서 온몸이 부어올라 한 달 가까이 고생을 했습니다.

부랴부랴 정신을 차리고 당 수치를 잡는 데 심혈을 기울이고 나자 이젠 목 디스크가 찾아옵니다. 허리 디스크야 20년 넘게 달고 살았지만 목 디스크는 처음입니다. 처음에는 잠을 잘못 자서 아픈 줄 알고 열흘 넘게 파스를 붙이고 진통제로 버티며 지냈답니다.

나중에 알고 보니 목 디스크로 인한 신경통. 진통제 한 알로 잡힐 수 있는 고통이 아니었음에도 그 긴 시간을 병원에 안 가고 버텨낸 제가 더 놀랍다는 주변의 반응입니다.

당뇨에 목 디스크까지 몸이 하나씩 말썽을 일으키는 것을 보면서 저는 생전 처음으로 노화라는 것을 진지하게 생각해보게 되었습니다. 제가 무리를 할 때마다 몸 곳곳에서 이상 신호를 보내며 이전과는 다른 반응을 보였기 때문입니다.

20~30대에는 밤늦게까지 술을 먹어도 끄떡없었고, 밤샘 업무를 해도 괜찮았는데 지금은 그렇지 않습니다. 40대가 넘어가면 한 해 한 해가 다르다고 하더니 이젠 조금만 무리를 해도 몸이 정직하게 반응합니다. 더 이상 젊은 육체가 아니라는 것을 제대로 알게 된 한 해였습니다.

이전까지의 저는 노화가 주름과 흰머리로 온다고 생각하고 있었습니다. 눈 옆의 주름이 늘어가는 것을 보며 어떤 아이크림을 발라야 할까를 고민했고, 깊어가는 팔자 주름을 보면서 보톡스를 맞으라는 친구들의 조언에 살짝 흔들리기도 했습니다. 세 달에 한 번 하던 새치 염색을 두 달에 한 번씩 하면서 '이렇게 늙어가는구나' 한탄하기도 했지요.

그런데 주름과 흰머리 등은 진정한 노화가 아니었습니다. 신체의 어딘가가 말썽을 일으키고, 그로 인한 고통이 찾아오고, 그로 인

다르지만 다르지 않습니다

해 활동의 제약과 일상생활에서의 불편함을 갖게 되는 게 진짜 노화였습니다. 그것을 이번 여름을 거치며 비로소 알게 되었습니다.

노화. 인간으로 태어난 이상 누구도 피해 갈 수 없는 숙명입니다. 그리고 누구나 맞이하게 되는 이 노화야말로 인간으로 태어난 우리 모두가 장애인이 되어가는 과정이랍니다.

앞서 우리는 장애의 사전적 의미를 알아보았습니다. 신체 기관이 본래의 제 기능을 하지 못하거나 정신 능력에 결함이 있는 상태를 '장애'라 하고, 이러한 상태에 있는 사람을 장애인이라고 합니다.

당 수치가 치솟아 신장 기능에 이상이 있었을 때의 저는 어떤 의미에서 장애인이었습니다. 화장실도 힘겹게 가야 했고, 퉁퉁 부은 손은 주먹조차 쥘 수 없어서 가족들 먹을 밥상을 차리는 것조차 힘겨웠습니다. 온몸에 기력이 하나도 없다 보니 무기력한 상태에 접어들기도 했습니다. 제 신체의 이상으로 인해 제가 해야 할 일들조차 제대로 할 수 없는 날들이 이어졌습니다.

목 디스크는 더합니다. 어깨와 팔을 관통하는 통증이 정신을 차릴 수 없게 만듭니다. 매 순간 지속되는 통증이 고스란히 느껴져서 집중력 같은 건 안드로메다로 날아간 것 같습니다. 팔은 축 늘어져 있고 힘을 줘서 물건을 드는 것조차 애를 먹습니다. 제 팔이 원래의 제 기능을 하지 못합니다.

그래도 아직까지는 회복 탄력성이 있는 40대이기에 병원을 다니고 치료를 받고 관리를 시작하니 이상 신호를 보내던 신체들이 조금씩 자기 자리를 찾아갑니다.

하지만 더 나이가 들면 어떨까요? 그때도 지금과 같을까요? 칠순의 제가 당 수치가 급격히 올라가면, 여든네 살의 제가 목 디스크로 고생을 하면 그때는 지금처럼 빠른 시일 안에 신체들이 원래 기능을 회복할 수 있을까요?

노화란 그런 것입니다. 살아온 나이만큼 오래 사용한 신체 기관들이 곳곳에서 이상 신호를 일으키고, 그것들을 고쳐가고 달래가며 우리는 나이를 먹어갑니다. 그러다 더는 고쳐도 고쳐지지 않는 시기가 찾아올 때 우리는 신체 기능을 하나씩 잃어갈 겁니다. 누군가는 눈, 누군가는 귀나 코, 누군가는 신장이나 대장, 누군가는 목이나 허리, 그렇게 하나씩 우리 신체에 장애가 찾아옵니다. 노화로 인한 기능의 저하, 장애인이 되어갑니다.

우리 모두는 예비 장애인

"우리 모두는 예비 장애인"이라는 말이 있습니다. 여러분도 한 번쯤 들어본 말일 겁니다. 그동안 저는 이 말이 크게 와닿지 않았습니다. 우리 모두가 예비 장애인이라는 건 너무나 당연한 구호 같은 얘기라 한 귀로 듣고 한 귀로 흘려버렸던 데다, 왠지 예비 장애인이라고 하면 사고 등에 의해 갑자기 신체장애라도 생겨야 한다는 듯이 들려 거부감이 생겼기 때문입니다.

그런데 올여름 이전과는 다른 차원의 신체 고통을 경험하면서, 그것이 노화로 인해 이전과는 달라진 신체 환경에서 기인했다는 것을 알게 되면서, 우리 모두가 예비 장애인이라는 말이 비로소 진정성 있게 와닿게 되었습니다.

나 자신이 늙었을 때의 모습을 생각하면 너무 먼 미래의 일이라 막연하게 느껴질 수도 있을 겁니다. 이럴 때는 우리 부모님을 생각해보면 될 것 같습니다.

아빠 엄마의 머리가 하얗게 변해가고 손에도 주름이 자글자글해지기 시작합니다. 젊을 때는 대식가였던 아빠가 어느 날부터 소화가 안 된다며 밥도 조금밖에 안 드십니다. 눈이 침침해진 엄마의 바느질이 예전만큼 야무지지 못합니다. 아빠의 소화기관이, 엄마의 눈이 점점 제 기능을 잃어갑니다.

그뿐이 아닙니다. 아빠의 다리는 점점 얇아져만 가는데 관절염까지 생겨서 오래 걷기가 힘들다고 합니다. 미각이 둔해진 엄마의 요리는 갈수록 짜지고, 청각이 둔화되기 시작한 부모님은 볼륨을 크게 틀어놓고 텔레비전을 시청합니다. 노화라는 필연적인 자연현상 앞에서 부모님의 나이만큼 오래된 신체들이 본래의 제 기능을 점점 잃어갑니다. 장애가 찾아오는 것입니다. 그렇게 여러분 또한 장애인의 가족이 되어갑니다.

발달장애인 자식을 둔 저만 장애인 가족으로 사는 게 아닙니다. 우리 모두는 어느 순간 장애인의 가족이 될 것이고, 그다음엔 우리 자신이 장애를 갖게 될 것입니다. 시간을 거슬러 살 수 없는 인간이기 때문에 반드시 거쳐야 할 과정입니다. 우리 모두가 예비 장애인이라는 것은 그런 의미입니다.

여기서 주목할 것은 신체에 장애를 가졌을 때만 장애인이 되는 게 아니라는 것입니다. 정신 영역에서의 장애가 있어도 장애인입니다. 정신 영역에서의 장애란 무엇을 말하는 걸까요? 환각을 보고 환청을 듣는 등 극단적인 증상을 지니고 있어야만 정신적 문제가 있는 건 아닙니다.

우리들 주변에서 흔하게 볼 수 있는 우울증, 불안감, 강박증, 폭식증과 거식증, 부정망상(의처증과 의부증), 공황 등도 모두 정신적 장애의 일환입니다. 이러한 문제들로 인해 일상을 잘 살아내야 할 마음이 온전히 제 기능을 하지 못하기 때문입니다.

이렇듯 '장애'의 사전적 의미를 넓게 적용해보면 우리 모두가 이미 어떤 의미의 장애인이거나 예비 장애인이라 해도 무리가 없어 보입니다. '장애'는 나와는 다른 세상에서 벌어지는 먼 나라의 일처럼 느꼈는데 사실 이토록이나 가까이 있었다는 게 놀라울 따름입니다.

그런데도 그동안 우리들은 장애인을 나와는 다른 사람이라 생각해왔습니다. 그들은 불쌍하거나 위험하거나 이상한 존재라 여겼고,

다르지만 다르지 않습니다

그 때문에 너무 동정하거나 때로는 혐오하는 시선을 보내기도 했습니다.

그러한 우리 사회의 시선으로 인해 장애 당사자와 가족들은 세상으로부터 숨어버리기도 했고, 장애가 없어 당당한 우리들은 미래에 다가올 자신의 장애는 예상도 하지 못한 채 현재의 장애인과 거리를 두거나 배척하기도 했습니다. 우리 자신 또한 장애로부터 자유롭지 못한 '사람'임에도 불구하고 말입니다. 우리 또한 마음의 문제를 안고 있는 현재의 장애인일지도 모르는데 말입니다.

접근부터 잘못된
특수 교육

이제 우리는 장애라는 것이 특별한 누군가가 아닌 우리 모두의 문제가 될 수 있다는 걸 알게 되었습니다. 저 역시도 몰랐던 이 사실을 장애가 있는 아들을 키우며 알게 되었다는 것이 놀랍습니다. 아들에게 고맙다고 해야 할까요? 아들이 아니었으면 저 역시도 거리에서 마주친 장애인에게 차가운 시선을 보내고 장애인 친구와 짝이 되지 않게 해달라고 아이들의 담임에게 부탁하는 학부모가 되었을지도 모르는 일입니다.

장애가 있는 아들을 키우면서 저는 크고 작은 문제에 부딪혀왔습니다. 세상의 시선과 사회의 장애 인식에 관한 문제는 충분히 다

다르지만 다르지 않습니다

뤘으니 이제는 복지 제도에 대해 말해볼까 합니다.

자세히 파고들면 들수록 한숨만 푹푹 나오는 게 대한민국 장애인 복지법입니다. 난개발의 대표적인 사례라 해도 손색이 없을 것 같습니다.

장애인 복지법을 잘 몰랐을 땐 소액이나마 치료비를 지원받을 수 있는 바우처 카드가 나오고, 장애인의 일상생활을 돕는 활동보조인 제도도 이용할 수 있으니 "와, 우리나라도 복지가 잘돼 있네"라고 반색을 했습니다. 그런데 알고 보니 아니었습니다. 부족해도 한참 부족했어요.

장애인 복지법은 우리 동네의 난개발 같은 것이었습니다. 주택가 한가운데 번쩍이는 술집이 들어서고, 5층 상가 밀집 지역에 홀로 우뚝 선 고층 빌딩이 들어서는 것처럼 들쭉날쭉한 것이 작금의 현실입니다. 계획된 신도시처럼 여러 분야(치료 지원, 보건 지원, 주거와 생활 지원, 소득과 사회참여 지원, 안전과 권익 보호 지원 등)에 걸쳐 총체적이고 유기적으로 매끈하게 잘 짜인 제도가 아니라 그때그때 부모들의 투쟁에 의해 하나씩 이뤄낸 눈물의 성장탑이었기 때문입니다.

그러다 보니 손대야 할 게 많은, 하지만 하나를 손대기 위해선 그와 연결된 수많은 법령을 모조리 손대야만 하는, 참으로 가야 할 길이 먼 장애인 복지법이 되었습니다.

그나마 장애인이 학교를 다니는 학령기 동안에는 복지의 개념이

'치료'에 많은 무게가 실려 있기에 절박함이 덜 합니다. 그러나 장애인이 성년이 된 후부턴 그야말로 갑갑한 현실에 직면하게 됩니다.

일단 성인 장애인은 갈 곳이 없습니다. 신체 건장한 20대의 피 끓는 청춘 남녀들이 갈 곳이 없어 집에서 나이 든 부모와 하루 종일 붙어 지냅니다. 취업문은 바늘구멍보다 더 작은 원자나 분자 구멍만 하고, 굳이 일하지 않더라도 여가 활동을 즐길 수 있을 만한 환경이 충분히 구축돼 있지 않습니다.

외국의 사례를 보면 장애인 복지 시스템이 잘 갖춰진 나라일수록 국민들의 장애 이해 수준도 높다고 했지요? 그래서인 것 같기도 합니다. 그동안 우리나라는 장애와 장애인에 대해 너무 모르고 살아왔기에 그에 따라 장애인 복지도 큰 사회적 이슈가 되지 않았던 것 같습니다.

물론 앞으로는 달라질 것이라 믿습니다. 저는 점점 늙어가고 제 아들은 점점 자라갑니다. 그렇게 시간이 흘러 지금 이 책을 읽고 있는 여러분이 사회의 주역이 될 그날들이 오면 사회의 장애 인식이 높아진 만큼이나 복지 제도 역시 큰 발전을 보일 것이라 믿습니다.

하지만 그렇다고 해서 먼 미래만 내다보고 마냥 기다릴 수는 없습니다. 장애인 복지 문제는 지금부터 지체 없이 보수공사에 들어가야 합니다. 사회의 큰 이슈 중 한 부분을 차지해야 하고, 이에 대해 국민 모두가 경각심을 가져야 합니다. 왜냐면 장애인 문제는 장애인에 관한 문제가 아니라 우리 모두의 문제이기 때문입니다. 앞서 얘기했듯 우리 모두는 예비 장애인이자 예비 장애인 가족이기 때문에 그렇습니다.

장애인 복지의 현실이 어떠하고 어떻게 개선되어야 하는지 지금부터 하나씩 짚어가도록 하겠습니다.

모두 부모가 결정해야 하는 장애인 교육

먼저 교육 문제입니다. 장애가 없는 우리들은 초등학교에 입학할 시기가 되면 알아서 취학통지서가 집으로 날아옵니다. 굳이 사립학교나 혁신학교에 따로 입학 신청을 하지 않는 이상 집에서 가장 가까운 학교를 배정받게 됩니다.

장애 아이들은 그렇지 않습니다. 부모의 선택에 의해 아이들의 미래가 바뀝니다. 일반 학교를 보내느냐 특수학교를 보내느냐를 먼저 결정하고, 그 뒤에 일반 학교 중에서 어느 학교를 보내느냐 특수학교 중에서 어느 학교를 보내느냐를 또다시 결정해야 합니다. 그렇게 부모의 1차 선택이 있고 난 뒤에야 특수교육협의회에 따라 최종 학교가 정해집니다.

일반 학교에 보낼 때는 '통합'에 큰 의미를 둡니다. 비장애 아이들과 함께 생활하며 사회성을 배우고 어우러져 사는 법을 배우기를 희망합니다. 특수학교를 선택할 때는 맞춤형 특수교육에 기대를 겁니다. 전문 특수교육을 통해 아이의 성장을 기대합니다.

하지만 일반 학교를 다녀도 특수학교를 다녀도 기대치는 충족되지 않습니다. 일반 학교에서는 '무늬만 통합'일 경우가 많습니다. 하루 중 몇 교시를 같은 교실에 앉아 있을 뿐 장애 학생과 비장애 학생이 자연스럽게 어우러져 어떤 일을 함께하는 경험의 기회는 많지 않습니다. 일반 교사들도 장애에 대해 잘 모르기 때문에 어떻게 통합을 시켜야 하는지 막막합니다.

특수학교에서는 맞춤형 특수교육이 되지 않습니다. 아직 말도 못하고 기저귀도 떼지 못한 학생부터 한글을 다 알고 숫자 계산까지 할 줄 아는 학생이 한 교실에 있으니 공교육이라는 것이 사실상 유명무실합니다.

개별화교육회의IEP를 통해 장애 학생 개개인에게 맞는 맞춤형 특수교육을 시행하고자 하지만 현 제도하에서는 제대로 지켜지기가 힘듭니다. 교사는 여섯 명의 장애 학생을 하루 종일 동시에 가르쳐야 하기 때문입니다.

담임은 한 명이고 서로 다른 발달 정도를 보이는 장애 학생은 여섯입니다. 담임이 분신술을 쓰지 않는 이상 완전한 맞춤 교육은 불가능에 가까워 보입니다. 특수학교의 시스템 자체가 불가능한 것을 전제로 하고 있습니다. 장애 학생이 통제가 안 된다며 보조의자까지 등장시키는 마당에 개인별 맞춤형 특수교육을 기대한다니요.

다르지만 다르지 않습니다

그러다 보니 일반 학교를 보내도 특수학교를 보내도 부모들의 마음은 편치가 않습니다. 그나마 처음에 편치 않은 마음이 들 때가 어찌 보면 더 좋을 때입니다. 어느 순간부턴 현실과 타협을 하고 포기해버리기도 합니다.

일반 학교에서 무늬만 통합인 교육을 받아도 크게 문제의식을 갖지 않고, 특수학교에서 맞춤형 특수교육을 못 받고 보조의자에 아이를 묶어도 되겠냐는 전화를 받아도 그러려니, 현실이 그런데 어쩌려니 해버리기도 합니다.

우리나라의 특수교육은 처음 시작부터 잘못되었습니다. 장애 아이가 어떤 학교를 갈지, 어떤 교육을 받을지, 그 교육에 따라 어떤 인생을 살게 될지를 모두 부모가 결정해야 한다는 것부터 잘못입니다.

장애가 없는 우리들은 당연하게 집 근처 학교를 배정받고 그곳에 가서 필요한 의무교육을 받습니다. 초등학교 입학 때부터 부모가 자식들의 학교와 교육 방향을 정해 자식의 미래를 좌지우지하지 않습니다.

그런데 장애 아이의 부모들은 그렇지 않습니다. 초등학교 입학부터 부모가 자식의 미래를 결정하는 책임을 져야 합니다. 왜 장애가 있는 아이들은 장애가 있다는 이유로 그래야 할까요? 장애가 있어도 집 앞 가장 가까운 학교에 당연하게 배치를 받고 의무교육을 받으면 안 되는 걸까요?

모든 학교에 특수학급이 있어서 어느 가정에서 장애 아이가 태어나더라도 학교나 교육 문제 등으로 골머리를 앓지 않을 수 있다면 얼마나 좋을까요.

이것이 안 되고 있기 때문에 많은 장애 아이들을 한 공간에서 수용하는 특수학교가 필연적으로 생겨나고, 그나마 있는 특수학교의 수도 부족해 장애 아이들이 한 시간 넘게 통학버스를 타고 등하교를 합니다.

아프리카의 일부 부족에선 자폐나 지적장애 등 발달장애 관련 단어가 아예 없다고 합니다. 장애인을 장애인이 아닌 그냥 다른 특성을 보이는 똑같은 사람으로 바라보기 때문입니다.

이와 비슷한 분위기를 장애인 복지가 잘되어 있는 몇몇 외국에서도 봅니다. 장애가 있든 없든 모든 학생이 당연하게 집 앞의 학교를 배정받습니다. 장애 학생의 현황에 따라 특수교사와 지원 인력이 배치되니 장애 학생은 일반 학교를 다니면서 장애의 특성에 맞게 맞춤형 특수교육도 받습니다. 장애인이나 비장애인이나 의무교육을 받아야 하는 똑같은 학생이기 때문에 서로 다른 입학 절차를 거치지 않는 것입니다. 장애 학생을 대하고 바라보는 교육부의 태도 자체가 우리와는 다른 것입니다.

장애인 복지는
모두를 위한 보험

이렇게 학령기 교육에 있어서도 문제가 있지만, 더 큰 문제는 성인기입니다. 취업할 곳도 없고 여가 시간을 보낼 곳도 마땅치 않습니다.

장애인 취업 실태가 참담한 가장 큰 이유는 많은 기업이 장애인 의무 고용률을 지키지 않고 있기 때문일 것입니다.

"발달장애인을 뽑아서 여러 가지로 신경 쓰느니 얼마 되지도 않는 벌금을 내고 말지"라는 기업들이 대한민국에 차고 넘칩니다. 정부도 청년 일자리와 경력단절여성 일자리, 노년의 노동권엔 적극적으로 대책을 마련하고자 하지만 장애인 노동권에 대해선 적극성이 현저히 떨어집니다.

사실 정부 입장에서도, 기업 입장에서도 갑갑할 겁니다. 인권 차원에서 생각하면 장애인 노동권을 지키는 게 지극히 당연한 일이지만 경제성을 생각하고 계산기를 두드려보면 비장애인 고용에 비해 효율성이 떨어진다고 생각하기 때문입니다.

맞는 말입니다. 경제적인 관점에서 다가가면 장애인 노동권은 보장받기가 힘듭니다. 그래서 다르게 다가가야 합니다. 경제가 아닌 복지의 관점에서 접근해야 하는 게 장애인 노동권입니다.

장애인 노동권은 장애 정책을 다룸에 있어서 가장 많은 논란이 예상되고, 가장 풀어나가기 어렵지만, 가장 해결이 시급한 1순위 과제입니다.

장애인 문제는 모든 소수권자에 대한 문제다

이번 이야기를 풀어나가기 위해선 왜 장애인 노동권을 지켜야하는지 당위성을 먼저 설명해야만 합니다. 그러기 위해선 제가 장애인 아들을 낳고 키우며 깨닫게 된 것들을 모두에게 알려야 합니다. 그 속에 답이 있기 때문입니다.

10년입니다. 제가 장애 아이의 부모로 살아온 시간, 장애인을 바라보는 세상의 시선에 맞서 살아온 세월이 벌써 10년에 이릅니다. 그 시간 동안 제가 깨닫게 된 것은 이겁니다. 알고 보니 장애인 문제는 우리 사회 모든 소수권자에 대한 문제였다는 것입니다. 다수와 다른 소수를 어떻게 바라보고 대할 것인가에 대한 문제, 거기서부터 모든 게 출발했습니다.

장애인 문제가 왜 모든 소수권자에 대한 문제인가를 알기 위해선 다수와 소수의 문제를 갑과 을의 문제로 단순화시켜 생각해볼 필요가 있습니다. 예외인 상황도 있지만 대체적으로 다수는 갑의 권리를 누리고, 다수와 다른 소수는 을의 입장에 있을 때가 많기 때문입니다.

예를 들면 이런 겁니다. 한국 엄마들이 주를 이루는 학부모 모임에 다문화 가정의 베트남 엄마가 나타납니다. 다수인 한국 엄마들은 소수인 베트남 엄마가 낯섭니다. 처음에는 예의상 인사도 하고 모임에도 초대하지만 시간이 흐르면서 자연스럽게 소수권자인 베트남 엄마를 소외시킵니다.

또 있습니다. 제 친구가 직접 겪은 일인데, 친구는 아파트 반상회가 있어서 참여를 합니다. 강남의 좋은 아파트라 가장들의 직업이 대부분 '사' 자로 끝납니다. 시골에서 과수원 하던 시부모님의 유산을 물려받아 강남 아파트로 이사하게 된 친구네 부부는 '사' 자와는 거리가 먼 소소한 직업을 가진 보통의 사람들입니다.

처음엔 한 가족이라도 된 것처럼 인사를 건네고 자주 보자던 사람들이 전혀 다른 직업 세계에 사는 친구네 실체를 알게 되자 데면데면해집니다. '사' 자가 다수로 있는 집단에서 '사' 자가 아닌 소수는 받아들여지지 않습니다.

　이런 모든 사례에서 다수가 간과한 것이 하나 있습니다. 바로 다수와 소수, 갑과 을의 문제는 그 역학 관계가 영원히 고착돼 있지 않다는 것입니다. 우리는 인간으로 태어난 이상 누구나 갑과 을의 경계를 넘나들며 살게 됩니다. 대통령도 잘못을 하면 감옥에 가는 세상입니다. 평생 갑의 위치를 보장받는 사람이란 어디에도 없습니다.

　하지만 우리가 평소에 갑, 그러니까 다수의 무리 안에 속해 있을 땐 사회의 부당함을 그리 자주 느끼지 못하고 지냅니다. 다수는 권력을 가진 쪽일 가능성이 크기 때문입니다.

　그러다 인생의 어느 순간 예기치 못한 상황들에 의해 다수였던 갑에서 소수인 을의 입장에 서게 될 때가 있습니다. 그런 순간은 누구나 한 번쯤 맞이하게 됩니다.

　그러한 인생의 오묘한 역학 관계에 의해 다수권자였던 갑이 소수권자인 을의 입장에서 부당함을 당하고 나면, 그때서야 핏대를 올리며 '사회의 정당함'이니, '인간으로서의 권리'니, '평등한 인권'이니 등을 부르짖곤 합니다.

　인생에서 그런 일은 벼락같이 찾아옵니다. 우리 가정에 '장애'라는 두 글자가 예고 없이 찾아왔던 것처럼, 그런 일은 미리 사인을 보내지 않습니다.

다르지만 다르지 않습니다

우리 사회의 대표적인 을이자 소수권자인 장애인 문제에 대해 진지하게 고찰하는 건 단지 장애인만을 위해서가 아닙니다. 장애인 문제를 어떻게 풀어갈까 고민하는 과정을 통해 우리는 장애인을 비롯한 모든 소수권자를 대하고, 바라보고, 접근하는 방법을 배우게 됩니다. 다른 것을 다름 그 자체로 받아들이는 인권 감수성을 높여가게 됩니다.

소수권자의 인권을 지켜가는 과정을 통해 다수권자인 우리 자신의 인권까지도 지키게 됩니다. 우리 역시 언제 어느 순간에 지금 누리고 있는 다수권자의 권리를 박탈당하고 소수권자의 입장에 서게 될지 모르기 때문입니다.

그 순간에, 바로 그런 순간에 필요한 게 '복지'라는 개념입니다. 다수권자의 권리를 박탈당하고 소수권자의 입장에 서게 되었을 때 기댈 수 있는 게 바로 제도, 복지이기 때문입니다.

사전에 따르면 복지란, 삶의 질에 대한 기준을 높이고 국민 전체가 행복하게 살아갈 수 있도록 하는 데 중점을 두어 노력하는 정책입니다. 또는 좋은 건강, 윤택한 생활, 안락한 환경들이 어우러져 행복을 누릴 수 있는 상태를 말하기도 합니다.

내가 잘 먹고 잘 살고 있을 땐, 그러니까 갑의 위치에 있고 다수의 권력 안에 속해 있을 땐 복지의 혜택이 크게 아쉽지 않습니다. 그러다 인생의 어느 순간에선 반드시 복지가 필요해지는 순간이 찾아옵니다. 한순간에 갑에서 을이 되는 일은 빈번히 일어나고, 다수권자에서 소수권자가 되는 것도 순식간입니다.

그런 순간을 위해 구축해놓아야 하는 게 복지입니다. 제도와 시스템을 만들어놓아야 합니다. 미래에 대한 대비책으로 지금부터 시스템을 구축해놓아야 합니다. 그것은 현재의 장애인만을 위한 복지가 아닙니다. 더군다나 필연적으로 장애를 갖게 될 우리에게는 장애인 복지 정책을 수립해놓는 게 미래에 대한 보험을 들어두는 것과도 같은 의미입니다.

그 누가 언제 어느 순간에 장애인이 되더라도, 사회의 소수권자가 되더라도, 을의 입장에 서게 되더라도, 국민으로서의 정당한 권리를 제대로 누리며 살아갈 수 있도록 법과 제도와 시스템으로 '복지'를 구축해놓는 것입니다.

장애인 노동권을 경제가 아닌 복지의 개념에서 다가가게 되면 그때는 다른 것들이 눈에 보입니다. 당위성이 생기는 것입니다. 장애인의 노동권을 지키는 게 우리 모두를 위한 일이라는 새로운 발견을 하게 되는 것입니다.

장애인 노동권을 지키는 방법

발달장애인의 암울한 취업률에 대해선 다들 짐작하고 있을 것으

로 믿습니다. 서울시의 2017년 조사에 따르면 취업에 성공한 발달
장애인은 10명 중 2명에도 미치지 못했습니다. 성인 발달장애인 10
명 중 8명은 고등학교를 졸업하는 순간 할 일도 갈 데도 없어진다는
뜻입니다.

그러면 장애인 노동권은 어떻게 지켜야 할까요?

일단 기업의 입장에선 경제 논리만 앞세우지 말아야 합니다. 요
즘 기업들을 보면 이미지 재고를 위한 사업에 큰 힘을 쏟습니다. 사
회 환원을 큰 과제로 두고 많은 곳에 후원도 하고 직원들도 봉사활
동을 활발히 하며 '함께 사는 사회'의 이미지를 힘껏 부각시킵니다.

감사합니다. 더불어 사는 사회를 위해 많은 힘을 쏟아주셔서. 그
러면 저는 한 가지 제안을 해볼까 합니다. 어차피 사회 환원에 많은
예산을 쏟아붓고 있다면 그 예산의 일부를 자사의 장애인 고용에 투
자하는 건 어떠신가요?

직원으로 고용했는데 비장애인만큼 경제적 가치를 창출하지 못
한다 해서 외면하지 말고 장애인 고용을 늘려주세요. 그 편이 보여
주기식 갖가지 행사보다 훨씬 본질에 가까운 사회 환원이 될 것이라
생각합니다.

그리고 그러한 과정을 통해 비장애인들은 사내에서 자연스럽게
장애인과 어우러져 살게 될 것입니다. 물론 습득 속도가 느린 발달
장애인에겐 혼자서 업무를 익혀가는 게 벅찰 수도 있습니다. 그럴

때 필요한 게 현장에서 장애인을 돕는 직무지도원입니다. 잡 코치Job Coach 개념으로 이해하면 될 듯합니다. 지금도 장애인고용공단에서 직무지도원의 지도 아래 장애인 직업교육을 실시하고 있지만, 그 수도 적고 실제 현장에서 필요한 시간만큼 직무지도원이 투입되지 않는 등의 문제가 있습니다.

그러니 직무지도원 수도 늘리고 그들의 현장 투입 시간도 늘릴 필요가 있습니다. 그렇게 되면 비장애인의 일자리도 늘고 장애인의 노동권도 지킬 수 있을 겁니다. 장애인과 비장애인 모두가 상생하며 살 수 있는 방법입니다.

장애인 노동권을 지키기 위해선 직업을 바라보는 우리들의 관점을 바꿀 필요도 있습니다. 과거처럼 무언가 경제적인 물질을 창출해 내야만 직업이 되는 것은 아닌 시대입니다.

장애인 인권옹호 활동가, 장애인 문화예술 활동가, 장애인 동료 상담가 등 당사자가 장애를 지녔기에 더욱 멋지게 해낼 수 있는 이런 일들이 장애인의 직업이 된다면 어떨까요?

장애인 민원 안내사를 생각해봅니다. 주민센터에서 하루 세 시간씩, 성인 발달장애인이 민원을 넣으러 온 주민들의 '안내'를 돕는다고 생각해봅니다. 비록 말을 야무지게 하지는 못하겠지만 어설픈 듯하면서도 성의를 다하는 그 모습에 민원을 넣으러 온 사람들도, 주민센터 공무원들도, 무료한 듯 앉아 있던 사회복무요원도 얼굴에

미소가 살포시 지어지지 않을까요?

장애인 인권옹호 활동가도 마찬가지입니다. 1년 전 제 아들은 장애인 활동보조인에게 폭행을 당했습니다. 그 당시 저는 무엇을 어찌해야 할지 몰라 여기저기 전화를 돌리는 데만 한나절을 보냈는데요. 이때 장애 당사자인 인권활동가가 동네마다 있는 주민센터에서 장애인 권리 옹호에 필요한 지식과 기술을 제공하고 관련 전문 기관에 권리 구제를 지원, 요청, 연계하는 일을 할 수 있었다면 어땠을까요?

장애인 동료상담가, 장애인 인식개선 활동가, 장애인 문화예술 활동가 등도 마찬가지입니다. 모두 우리가 장애인 일자리에 대한 인식만 바꾸면 충분히 만들어낼 수 있는 직업들입니다.

그리고 이러한 직업 유형은 사회적 공공일자리 차원에서 접근하면 됩니다. 장애 부모들이 사회적 공공일자리 1만 개 창출을 요구하고 있는 데는 이렇듯 당사자에게 장애가 있기에 그들이 더욱 빛날 수 있는 직업군을 새롭게 신설하는 것도 포함돼 있습니다.

장애인 노동권을 지키기 위한 이 모든 고민들은 사회의 소수권자인 '불쌍한' 장애인을 위해 하는 일이 아닙니다. 장애인 복지를 구축해놓음으로써, 장애인 복지 정책에 관심을 갖고 이슈화시킴으로써, 우리는 이 사회의 소수권자를 바라보는 시각이 바뀌는 경험을 하게 될 것입니다. 다수와 소수, 장애와 비장애가 사실은 경계가 없는 우리 모두의 일이라는 걸 알게 될 겁니다. 장애인 문제가 우리 사회 모든 소수권자의 문제, 그리하여 우리 모두의 문제라는 걸 알게 될 것입니다. 제가 알게 된 이 사실들을 여러분도 알게 될 것입니다.

다르지만 다르지 않습니다

진짜 장애는
사회적 시각

지적장애 2급의 제 아들은 올해 열 살이니까 횟수로 10년째 저는 장애 아이의 엄마로 살고 있는 셈입니다. 아무런 사전 준비 없이 입문한 장애인 세계는 그야말로 놀라웠습니다. 세상의 시선은 싸늘할 정도로 차가웠고 부모인 저조차 아들의 장애에 대해 아는 게 없었습니다. 여러 시행착오를 거치며 눈물로, 오기로, 때론 포기로 힘든 시간을 버텼습니다.

원래 육아란 것은 오죽하면 '육아전쟁'이란 말이 붙을까 싶을 정도로 힘든 것입니다. 하지만 장애 아이를 키운다는 건 이전까지 듣도 보도 못한 고통을 고스란히 버텨내야 하는 성질의 것이었습니다.

저와 제 남편은 소소하지만 따뜻했던 우리들의 꿈을 포기했고, 우리 가정의 꿈을 포기했고, 장애가 있는 자식에 대한 꿈도 포기했습니다. 그렇게 10년을 살았습니다.

그런데 요즘 저는 다시 꿈을 꾸고 있습니다. 남편도 꿈을 찾기 시작했습니다. 이제 우리는 우리 가정의 꿈도 말하기 시작합니다. 딸은 물론 아들에 대한 꿈도 꾸기 시작합니다.

어떻게 이런 변화가 가능했냐고요? 갑자기 세상의 시선이 달라지기라도 했을까요? 장애인 복지 정책이 획기적으로 바뀌기라도 했나요? 아니면 남들 몰래 로또에 당첨되기라도 했나요?

아닙니다. 모든 것은 예전 그대로입니다. 하지만 우리가 변했습니다. 우리 부부의 생각이 바뀌었습니다. 자식의 장애는 그냥 장애일 뿐, 그것이 우리 인생의 장애는 아니란 것을 알게 된 것뿐입니다.

장애가 한 개인을 대표하지는 않는다

이런 인식의 변화를 설명하기 위해 ICF를 소개하고자 합니다. ICF는 세계보건기구WHO에서 권장하는 국제 기능·장애·건강 분류로, International Classification of Functioning, Disability and Health의 약자입니다.

저는 시소감각통합연구소의 지석연 소장님에게 ICF 강의를 받은 후 아들의 장애에 갇혀 있던 기존의 프레임에서 완전히 벗어날 수 있었습니다. 원래 ICF는 그 내용을 설명하는 데만도 며칠이 걸릴 정도로 전문적인 영역입니다.

저는 그런 세부적인 내용까진 다 알지 못합니다. 다만 지 소장님의 강의를 들으면서 제가 이해하고 소화한 것들을 설명하기로 하겠습니다. 장애 비장애를 떠나 ICF가 모두에게 유용한 새로운 건강 프레임을 제시해줄 것이라는 확신이 있기 때문입니다.

잠시 과거로 돌아가 봅니다. 5~6년 전 아들이 장애 진단을 처음 받았을 때 엄마인 저는 항목이 몇십 개인지 몇백 개인지 잘 기억이 안 나는 설문지에 아들의 상태를 체크했습니다. 아들은 장애 진단 평가를 내리는 선생님을 만나 기능 평가를 받고 최종적으로 지적장애 진단을 받게 되었습니다.

그때가 생각이 납니다. 당시 의사 선생님은 1급으로 갈 수도 있었는데 아들이 사회성이 좋아(어른들에게 스스럼없이 잘 안기고 잘 웃어서) 3점이 초과돼 2급이 되었다고 했습니다. 1급과 2급에 무슨 차이가 있는지도 모르겠고 그저 이제부턴 진짜 장애인이 됐구나 하는 절망감에 막막했던 기억이 납니다.

발달이 느린 아들은 생후 13개월부터 치료실 뺑뺑이를 시작했지만 진짜 장애등급을 받고 나자 그때부턴 치료에 더욱 열을 올렸습니다. 1년 동안은 어린이집도 그만 다니고 유치원에도 보내지 않고 온갖 치료실 순방에 올인했습니다.

아들이 장애인이 되었기 때문에 저는 장애 아이의 엄마로 살아야 했고, 남편과 딸은 장애인의 가족으로 살아야 했습니다. 모든 환경이 아들을 중심으로 새롭게 세팅되었고 아들의, 아들을 위한, 아들에 의한 삶만 존재했습니다. 장애 등급을 받은 뒤부터 '장애'가 우리 가정의 삶에 가장 중요한 화두가 되어버렸습니다.

그런데 이 ICF란 것은 참 묘합니다. 분명 제 아들이 지적장애 2급의 장애 진단을 받은 것처럼 장애와 건강을 분류하기 위한 설문지인데 항목이 1,400개가 넘습니다. 그리고 그 항목엔 '신체 기능' 외에 '활동', '참여', '환경', '개인 요인'도 비중 있게 포함돼 있습니다. 그랬더니 같은 장애 진단을 받아도 전혀 다른 관점에서 접근을 하게 됩니다.

그러니까 이런 것입니다. 기존의 의학적 관점에서 보면 제 아들은 '정상적이지 않은' 장애인입니다. 의학적으로 건강하지 못한 상태인 것입니다. 하지만 ICF에 따르면 아들의 장애는 신체 구조와 신체 기능에 관한 문제일 뿐, 그것으로 아들의 '건강'이 규정되지는 않습니다. 아들의 활동과 참여, 환경, 개인 요인 등이 신체 구조 및 기능과 결합되어 '김동환'이라는 한 사람의 건강을 규정한다고 본 것입니다. 장애와 건강이 다른 개념이 되어버린 것입니다.

이해를 돕기 위해 제 자신을 실험대에 올려보겠습니다. 이제 저는 제 자신을 ICF에 따라 정의해봅니다. 먼저 제 이름은 류승연입니

다르지만 다르지 않습니다

다. 신체 구조와 기능 면에서 보면 류승연은 건강하지 못한 사람입니다.

임신성 당뇨가 그대로 당뇨가 된 케이스로 오랜 시간 약을 복용했고 최근엔 합병증 초기 증상까지 보였습니다. 그뿐만 아니라 20년 넘게 허리 디스크로 고생을 했으면서도 운동을 게을리해 목 디스크까지 새롭게 맞이한 아주 건강하지 못한 환자입니다.

의학적 시각에서 보면 류승연은 '정상적이지 않은' 질병인인 것이죠. 그래서 병원에 가면 아픈 환자 취급을 받습니다. 하지만 ICF는 여기서 한 가지 질문을 던집니다. 신체가 건강하지 못하다 해서 류승연이라는 사람의 삶까지 건강하지 못하다고 말할 수 있을까?

ICF에 따라 '활동'의 영역으로 넘어가 봅니다. 저는 벌레 잡기와 화장실 청소를 제외한 거의 모든 일상의 활동들을 능숙하게 잘 해낼 수 있습니다. 그뿐만 아니라 글을 쓰고 강연을 다니는 등 바쁜 활동으로 매일을 보냅니다.

'참여'로 넘어가 봅니다. 저는 오래된 몇 그룹의 친구들과 돈독한 관계를 맺고 있으면서도 아들 딸 친구의 엄마들과도 적정 거리의 관계를 맺고 사회생활을 꾸려나갑니다. 그러는 한편 누구 엄마가 아닌 제 자신의 이름으로 만나는 사회적 관계의 사람들과도 교류를 맺고 함께하는 일에 참여하곤 합니다.

'환경'으로 가봅니다. 이런 제 활동이 가능한 이유는 아들을 돌봐

주는 활동보조인이 하교 후부터 매일 오후 4~5시까지 아들을 책임 져주고, 앞집에 사는 시어머니가 급할 땐 아이들 밥을 먹여주고, 마음껏 일하도록 응원해주는 남편이 있기 때문입니다.

'개인 요인'을 들여다보면 이렇게 글 쓰는 일에 전념할 수 있었던 건 유독 사람에 관한 관심이 많았던 성향도 한몫했고, 무엇이든 한 가지를 파고들면 끝장을 보는 성격도 지금의 저를 있게 했습니다.

이 모든 게 하나로 합쳐진 게 바로 저 류승연입니다. 분명 의학적 관점에서는 혈당화 수치 7.5의 건강하지 못한 당뇨병 환자인데, 제가 가진 질병과는 별개로 제 삶은 당뇨에 얽매여 있지 않습니다. 아직 부족한 부분도 많지만 그래도 충분히 건강하다고 말할 수 있는 삶을 살고 있습니다.

그렇다면 이번엔 제 아들로 가봅니다. 제 아들은 기존의 의학적 분류에 따르면 지적장애 2급의 장애인입니다. 하지만 방금 전 우리는 ICF에 따른 새로운 접근법을 배웠습니다. 한번 대입시켜봅니다. 지적장애 2급의 김동환. 과연 장애 진단명을 받았다고 해서 아들의 삶까지, 아들의 인생까지 장애가 있는 것일까요?

분명 '신체 구조와 기능' 영역에서 아들은 건강하지 못한 항목에 잔뜩 체크를 할 것입니다. 뇌 주름도 덜 쪼글쪼글하고, 소근육 움직임도 능숙하지 않고, 눈과 손의 협응도 잘 안 되고 등등 매우 건강하지 못한 상태일 것입니다. 우리나라 병원에서는 이 부분이 매우 중

다르지만 다르지 않습니다

요합니다. 대놓고 말하는 것은 아니지만 의사의 모든 말은 이렇게 들립니다.

"자, 보세요. 당신의 아들은 이것도 안 되고, 이것도 안 되고, 이 것도 안 되는 장애인입니다. 그러니 이런 치료를 받고 이런 치료를 받고 이런 치료도 받으세요."

아들의 장애와 그에 따른 기능적인 부족함만 부각됩니다.

하지만 ICF에 따르면 아들은 장애인이기에 앞서 사람입니다. 제 아들의 인생은, 열 살 김동환 어린이의 삶은 그의 활동과 참여와 환 경과 개인 요인 등이 모두 어우러져 하나의 큰 덩어리를 이뤄냅니 다. 신체의 장애가 제 아들을 대표하는 게 아닙니다.

장애가 아니라 삶을 들여다봐야 한다

이를 적용하기 위해선 엄마인 제가 먼저 시각을 넓혀야 했습니 다. '장애'에서 '삶'으로 제 아들을 바라보는 시각을 넓혀야 했습니다.

그러다 보니 아들의 신체 구조와 기능을 향상시키려고 개별 치료 에 몰두하는 것과는 별개로 아들의 사회적 참여와 활동, 환경과 개인 요인 등을 향상시키기 위해 노력해야 했습니다. 그래야 아들이 건강 한 삶을, 한 인간으로서의 건강한 인생을 살아갈 수 있었습니다.

'장애'에 방점이 찍혀 있을 때, 그러니까 신체 구조와 기능에만 매달려 있을 땐 엄마인 제가 아들을 잘 키워야 했습니다. 엄마인 제 희생으로 아들을 잘 키우려다 보니 너무 힘이 들었습니다. 엄마만 힘들면 다행이지요. 엄마가 힘들면 가족 모두가 힘들어지는 법입니다. 장애인 아들의 불안도도 높았고, 남편과 비장애인 딸은 소외되기 일쑤였어요.

그런데 아들의 '장애'가 아닌 아들의 '삶'을 들여다보기 시작하자 이젠 아들을 잘 키운다는 게 함정이었음을 깨달습니다. 제가 해야 했던 건 장애인 아들을 잘 키우는 게 아니라, 장애가 있는 아들과 더불어 가족 모두가 건강한 삶을 살면 되는 거였습니다. 제가 가진 당뇨처럼, 아들에게 있는 장애는 그저 관리하고 지원하면서 살아가면 되는 거였습니다.

한 사람의 건강한 삶을 규정하는 건 질병이나 진단명이 아니었던 겁니다. 그보다는 그 사람의 사회적 활동과 참여, 환경이 그의 삶을 더 크게 규정했습니다. 제 아들은 장애인이기에 앞서 사람이라는 것, 그것을 ICF가 상기시켜준 것입니다.

'장애'라는 진단명에 매몰돼 있으면 정작 가족들이 장애 당사자의 사회적 활동과 참여, 환경에 장벽으로 작용하기도 했습니다. 자식의 장애를 드러내기가 두려워 부모가 먼저 나서서 사회적 활동에서 배제하는 일 같은 경우를 말합니다. 장애인 자식들이 세상에 참여하고 그 속에서 활동할 기회들을 부모에 의해 박탈당하는 것입니다.

하지만 장애인과 비장애인은 세상에서 만나야 합니다. 세상은 장애인을 남의 일이라고 배척해서도 안 되고, 장애인과 그 가족 역시 세상에서 상처받았다며 숨어버려서도 안 됩니다. 어차피 장애와 비장애는 그 경계조차 모호합니다. 정상과 비정상이라는 말도 마찬가지입니다. 과연 '정상'이라는 것은 무엇이며, '비정상'을 가르는 기준은 또 무엇이란 말입니까. 노화를 맞게 될 우리 모두는 필연적으로 장애인이 될 숙명을 타고났습니다. 나이가 들면서 서서히 신체 기능의 저하로 인한 장애를 갖게 됩니다. 그런 우리는 정상적인가요? 아니면 비정상적인가요?

그렇기 때문에 우리는 장애인을 '장애'에만 매몰돼 바라보는 걸 멈춰야 합니다. 장애인이기 이전에 존중받아 마땅한 인권을 지닌 한 명의 사람으로서 얼마나 '건강한 인생'을 살고 있는지 그 부분에 초점을 맞춰 바라봐야 합니다.

왜냐고요? '건강한 삶Wellbeing'에는 장애가 장벽이 될 수 없기 때문입니다. '행복'에는 장애인 접근 금지 같은 건 없기 때문입니다. 우리 모두 예비 장애인이기 때문입니다.

제 아들의 인생에서 가장 큰 문제는 그가 갖고 있는 지적장애가 아니었습니다. 제 아들을 장애인으로 바라보고 장애인으로만 규정 짓는 사회적 시각이 아들 인생의 진짜 장애임을 이제는 알게 되었습니다.

저는 당뇨가 있는 당뇨병 환자지요. 하지만 괜찮습니다. 당뇨로 인해 나타나는 증상들을 약으로 관리하고 운동과 식이요법으로 내 몸을 지원해주면서 살아가면 됩니다. 당뇨는 제가 앞으로 살아갈 건강하고 행복한 삶에 큰 장애가 아닙니다. 그저 한 줌의 불편함일 뿐입니다.

제 아들의 지적장애도 그렇게 되길 바랍니다. 제 아들이 앞으로 살아나갈 행복한 성인 장애인으로서의 삶에 아들의 장애가 한 줌의 불편함 정도가 되기를 바랍니다. 관리를 받고 지원받으면서 '장애와 더불어' 건강한 인간으로서의 삶을 살아나가기를 바랍니다. 그러한 사회가 될 수 있기를 바랍니다. 여러분과 제가 그러한 사회를 만들어가는 데 작은 힘을 십시일반으로 모을 수 있길 진심으로 바라봅니다.

다르지만 다르지 않습니다

다음 세대에 전하고 싶은 한 가지는 무엇입니까?

다음 세대를 생각하는 인문교양 시리즈 **아우름**

아우름 시리즈는 계속 출간됩니다.

아우름32

다르지만
다르지 않습니다

1판 1쇄 발행 2018년 10월 30일
1판 5쇄 발행 2020년 12월 5일

지은이 류승연
펴낸이 김성구

주간 이동은
책임편집 고혁
콘텐츠사업본부 현미나 송은하 김초록
디자인 이영민
제 작 신태섭
전략마케팅본부 최윤호 나길훈 이서윤 김지원
관 리 노신영

표지 일러스트 홍서진

펴낸곳 (주)샘터사
등 록 2001년 10월 15일 제1-2923호
주 소 서울시 종로구 창경궁로35길 26 2층 (03076)
전 화 02-763-8965(콘텐츠사업본부) 02-763-8966(전략마케팅본부)
팩 스 02-3672-1873 **이메일** book@isamtoh.com **홈페이지** www.isamtoh.com

© 류승연, 2018, Printed in Korea.

ISBN 978-89-464-2092-2 04330
ISBN 978-89-464-1885-1 04080(세트)

이 도서의 국립중앙도서관 출판시도서목록(CIP)은 e-CIP 홈페이지
(http://www.nl.go.kr/cip.php)에서 이용하실 수 있습니다. (CIP제어번호: CIP2018033146)

값은 뒤표지에 있습니다.
잘못 만들어진 책은 구입처에서 교환해드립니다.